U0477529

|\ 见识城邦

更新知识地图　拓展认知边界

BIG HISTORY
万物大历史

工业革命带来了哪些变化

[韩]金一先 著　[韩]郑元桥 绘　崔海满 译

中信出版集团 | 北京

图书在版编目（CIP）数据

工业革命带来了哪些变化 /（韩）金一先著；（韩）郑元桥绘；崔海满译 . -- 北京：中信出版社，2023.1
（万物大历史）
ISBN 978-7-5217-4383-8

Ⅰ . ①工… Ⅱ . ①金… ②郑… ③崔… Ⅲ . ①产业革命－青少年读物 Ⅳ . ① F419-49

中国版本图书馆 CIP 数据核字（2022）第 077589 号

Big History vol. 19
Written by Ilsun KIM
Cartooned by Wonkyo JUNG
Copyright © Why School Publishing Co., Ltd.- Korea
Originally published as "Big History vol. 19" by Why School Publishing Co., Ltd., Republic of Korea 2020
Simplified Chinese Character translation copyright © 2023 by CITIC Press Corporation
Simplified Chinese Character edition is published by arrangement with Why School Publishing Co., Ltd. through Linking-Asia International Inc.
All rights reserved.
本书仅限中国大陆地区发行销售

工业革命带来了哪些变化
著者： [韩]金一先
绘者： [韩]郑元桥
译者： 崔海满
出版发行：中信出版集团股份有限公司
（北京市朝阳区惠新东街甲 4 号富盛大厦 2 座 邮编 100029）
承印者： 天津丰富彩艺印刷有限公司

开本：880mm×1230mm 1/32　　印张：6.25　　字数：118 千字
版次：2023 年 1 月第 1 版　　印次：2023 年 1 月第 1 次印刷
京权图字：01-2021-3959　　书号：ISBN 978-7-5217-4383-8
定价：68.00 元

版权所有·侵权必究
如有印刷、装订问题，本公司负责调换。
服务热线：400-600-8099
投稿邮箱：author@citicpub.com

大历史是什么？

为了制作"探索地球报告书"，具有理性能力的来自织女星的生命体组成了地球勘探队。第一天开始议论纷纷。有的主张要了解宇宙大爆炸后，地球是从什么时候、怎样开始形成的；有的主张要了解地球的形成过程，就要追溯至太阳系的出现；有的主张恒星的诞生和元素的生成在先，所以先着手研究这个问题。

在探索过程中，勘探家对地球上存在的多样生命体的历史产生了兴趣。于是，为了弄清楚地球是在什么时候开始出现生命的，并说明生命体的多样性和复杂性，他们致力于研究进化机制的作用过程。在研究过程中，他们展开了关于"谁才是地球的代表"的争论。有人认为存在时间最长、个体数最多、最广为人知的"细菌"应为地球的代表；有人认为亲属关系最为复杂的白蚁才是；也有人认为拥有最强支配能力的智人才是地球的代表。最终在细菌与人类的角逐战中，人类以微弱的优势胜出。

现在需要写出人类成为地球代表的理由。地球勘探队决定要对人类怎样起源、怎样延续、未来将去往何处进行调查和研究，找出人类的成就以及影响人类的因素是什么，包括农耕、城市、帝国、全球网络、气候、人口增减、科学技术和工业革命等。那么，大家肯定会好奇：农耕文化是怎样促使人类的生活产生变化的？世界是怎样连接的？工业革命是怎样改变人类历史的？……

地球勘探队从三个方面制成勘探报告书，包括："从宇宙大爆炸到地球诞生"、"从生命的产生到人类的起源"和"人类文明"。其内容涉及天文学、物理学、化学、地质学、生物学、历史学、人类学和地理学等，把涉及的知识融会贯通，最终形成"探索地球报告书"。

好了，最后到了决定报告书标题的时间了。历尽千辛万苦后，勘探队将报告书取名为《万物大历史》。

外来生命体？地球勘探队？本书将从外来生命体的视角出发，重构"大历史"的过程。如果从外来生命体的视角来看地球，我们会好奇地球是怎样产生生命的，生命体的繁殖系统是怎样出现的，以及气候给人类粮食生产带来了哪些影响。我们不禁要问："6 500万年前，如果陨石没有落在地球上，地球上的生命体如今会怎样进化？""如果宇宙大爆炸以其他细微的方式进行，宇宙会变成什么样子？"在寻找答案的过程中，大历史产生了。事实上，通过区分不同领域的各种信息，融合相关知识，并通过"大历史",我们找到了我们想要回答的"宇宙大问题"。

大历史是所有事物的历史,但它并不探究所有事物。在大历史中,所有事物都身处始于137亿年前并一直持续到今天的时光轨道上,都经历了10个转折点。它们分别是137亿年前宇宙诞生、135亿年前恒星诞生和复杂化学元素生成、46亿年前太阳系和地球生成、38亿年前生命诞生、15亿年前性的起源、20万年前智人出现、1万年前农耕开始、500多年前全球网络出现、200多年前工业化开始。转折点对宇宙、地球、生命、人类以及文明的开始提出了有趣的问题。探究这些问题,我们将会与世界上最宏大的故事相遇,宇宙大历史就是宇宙大故事。

因此,大历史不仅仅是历史,也不属于历史学的某个领域。它通过开动人类的智慧去理解人类的过去和现在,它是应对未来的融合性思考方式的产物。想要综合地了解宇宙、生命和人类文明的历史,就必然涉及人文与自然,因此将此系列丛书简单地划分为文科和理科是毫无意义的。

但是,认为大历史是人文和科学杂乱拼凑而成的观点也是错误的。我们想描绘如此巨大的图画,是为了获得一种洞察力,以便贯穿宇宙从开始到现代社会的巨大历史。其洞察中的一部分发现正是在大历史的转折点处,常出现多样性、宽容开放、相互关联性以及信息积累的爆炸式增长。读者不仅能通过这一系列丛书，在各本书也能获得这些深刻见解。

阅读和学习"万物大历史"系列丛书会有什么不同呢？当然是会获得关于宇宙、生命和人类文明的新奇的知识。此系列丛书不是百科全书，但它包含了许多故事。当这些故事以经纬线把人文和科学编织在一起时，大历史就成了宇宙大故事，同时也为我们提供了一个观察世界、理解世界的框架。尽管想要形成与来自织女星的生命体相同的视角可能有点困难，但就像登上山顶俯瞰世界时所看到的巨大远景一样，站得高才能看得远。

但是，此系列丛书向往的最高水平的教育是"态度的转变"，因为通过大历史，我们最终想知道的是"我们将怎样生活"。改变生活态度比知识的积累、观念的获得更加困难。我们期待读者能够通过"万物大历史"系列丛书回顾和反省自己的生活态度。

大历史是备受世界关注的智力潮流。微软的创始人比尔·盖茨在几年前偶然接触到了大历史，并在学习人类史和宇宙史的过程中对其深深着迷，之后开始大力投资大历史的免费在线教育。实际上，他在自己成立的 BGC3（Bill Gates Catalyst 3）公司将大历史作为正式项目，之后还与大历史企划者之一赵智雄的地球史研究所签订了谅解备忘录。在以大卫·克里斯蒂安为首的大历史开拓者和比尔·盖茨等后来人的努力下，从2012年开始，美国和澳大利亚的70多所高中进行了大历史试点项目，韩国的一些初、高中也开始尝试大历史教学。比尔·盖茨还建议"青少年应尽早学习大历史"。

经过几年不懈努力写成的"万物大历史"系列丛书在这样的潮流中，成为全世界最早的大历史系列作品，因而很有意义。就像比尔·盖茨所说的那样，"如今的韩国摆脱了追随者的地位，迈入了引领国行列"，我们希望此系列丛书不仅在韩国，也能在全世界引领大历史教育。

李明贤　　赵智雄　　张大益

祝贺"万物大历史"系列丛书诞生

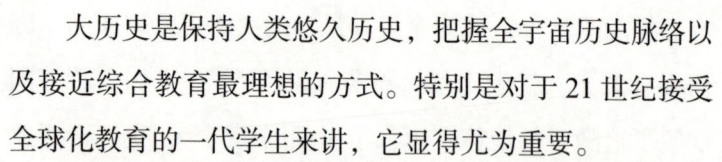

大历史是保持人类悠久历史,把握全宇宙历史脉络以及接近综合教育最理想的方式。特别是对于 21 世纪接受全球化教育的一代学生来讲,它显得尤为重要。

全世界范围内最早的大历史系列丛书能在韩国出版,并且如此简洁明了,这让我感到十分高兴。我期待韩国出版的"万物大历史"系列丛书能让世界其他国家的学生与韩国学生一起开心地学习。

"万物大历史"系列丛书由 20 本组成。2013 年 10 月,天文学者李明贤博士的《世界是如何开始的》、进化生物学者张大益教授的《生命进化为什么有性别之分》以及历史学者赵智雄教授的《世界是怎样被连接的》三本书首先出版,之后的书按顺序出版。在这三本书中,大家将认识到,此系列丛书探究的大历史的范围很广阔,内容也十分多样。我相信"万物大历史"系列丛书可以成为中学生学习大历史的入门读物。

大历史为理解过去提供了一种全新的方式。从 1989

年开始，我在澳大利亚悉尼的麦考瑞大学教授大历史课程。目前，在英语国家，大约有50所大学开设了大历史课程。此外，在微软创始人比尔·盖茨的热情资助下，大历史研究项目团体得以成立，为全世界的青少年提供免费的线上教材。

如今，大历史在韩国备受关注。2009年，随着赵智雄教授地球史研究所的成立，我也开始在韩国教授大历史课程。几年来，为促进大历史在韩国的传播，我们付出了许多心血，梨花女子大学讲授大历史的金书雄博士也翻译了一系列相关书籍。通过各种努力，韩国人对大历史的认识取得了飞跃式发展。

"万物大历史"系列丛书的出版将成为韩国中学以及大学里学习研究大历史体系的第一步。我坚信韩国会成为大历史研究新的中心。在此特别感谢地球史研究所的赵智雄教授和金书雄博士，感谢为促进大历史在韩国的发展起先驱作用的李明贤教授和张大益教授。最后，还要感谢"万物大历史"系列丛书的作者、设计师、编辑和出版社。

2013年10月

大历史创始人　大卫·克里斯蒂安

David Christian

THE BIG HISTORY

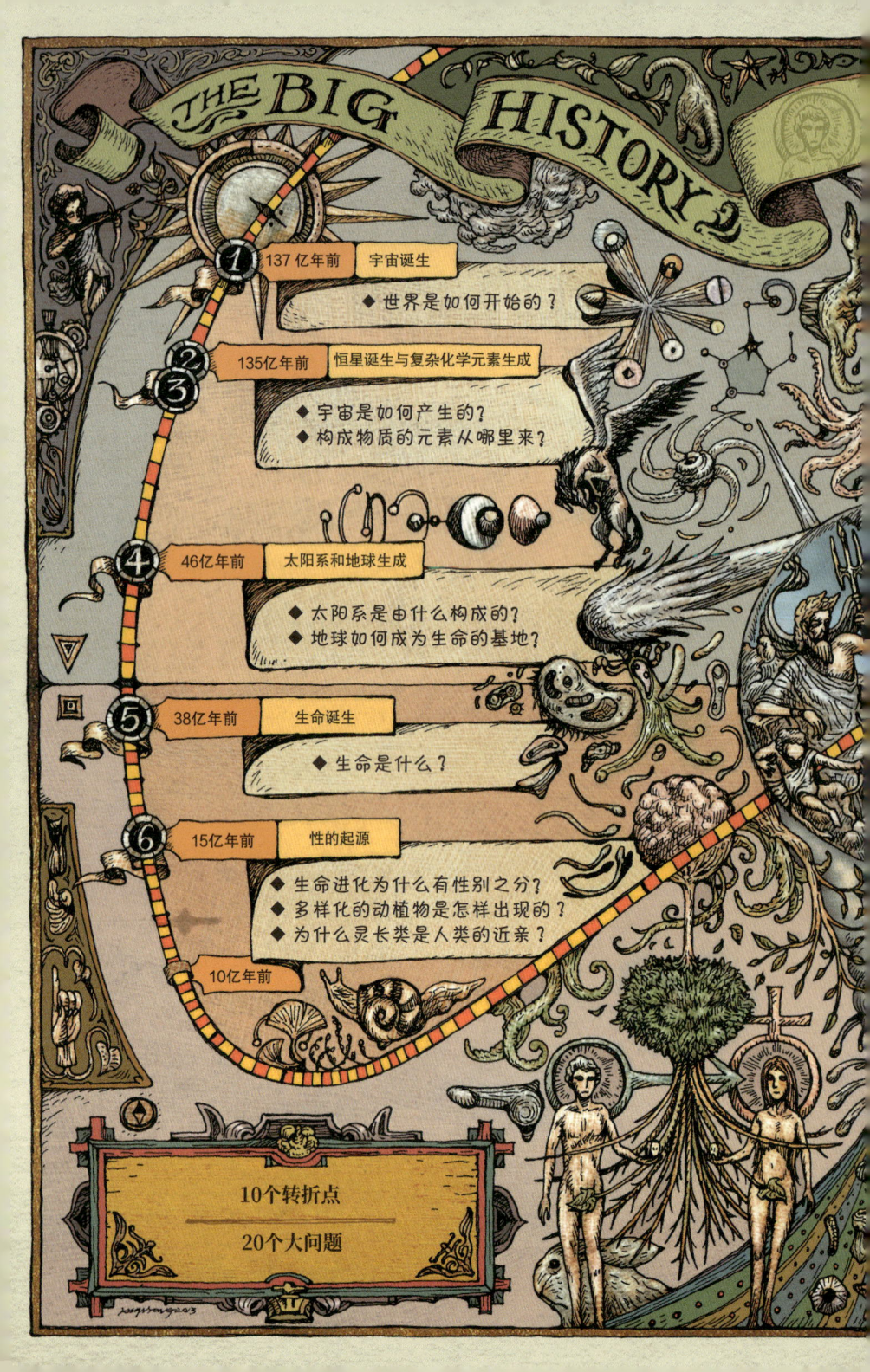

① 137亿年前 — 宇宙诞生
◆ 世界是如何开始的？

②③ 135亿年前 — 恒星诞生与复杂化学元素生成
◆ 宇宙是如何产生的？
◆ 构成物质的元素从哪里来？

④ 46亿年前 — 太阳系和地球生成
◆ 太阳系是由什么构成的？
◆ 地球如何成为生命的基地？

⑤ 38亿年前 — 生命诞生
◆ 生命是什么？

⑥ 15亿年前 — 性的起源
◆ 生命进化为什么有性别之分？
◆ 多样化的动植物是怎样出现的？
◆ 为什么灵长类是人类的近亲？

10亿年前

10个转折点

20个大问题

STIME-LINE 235

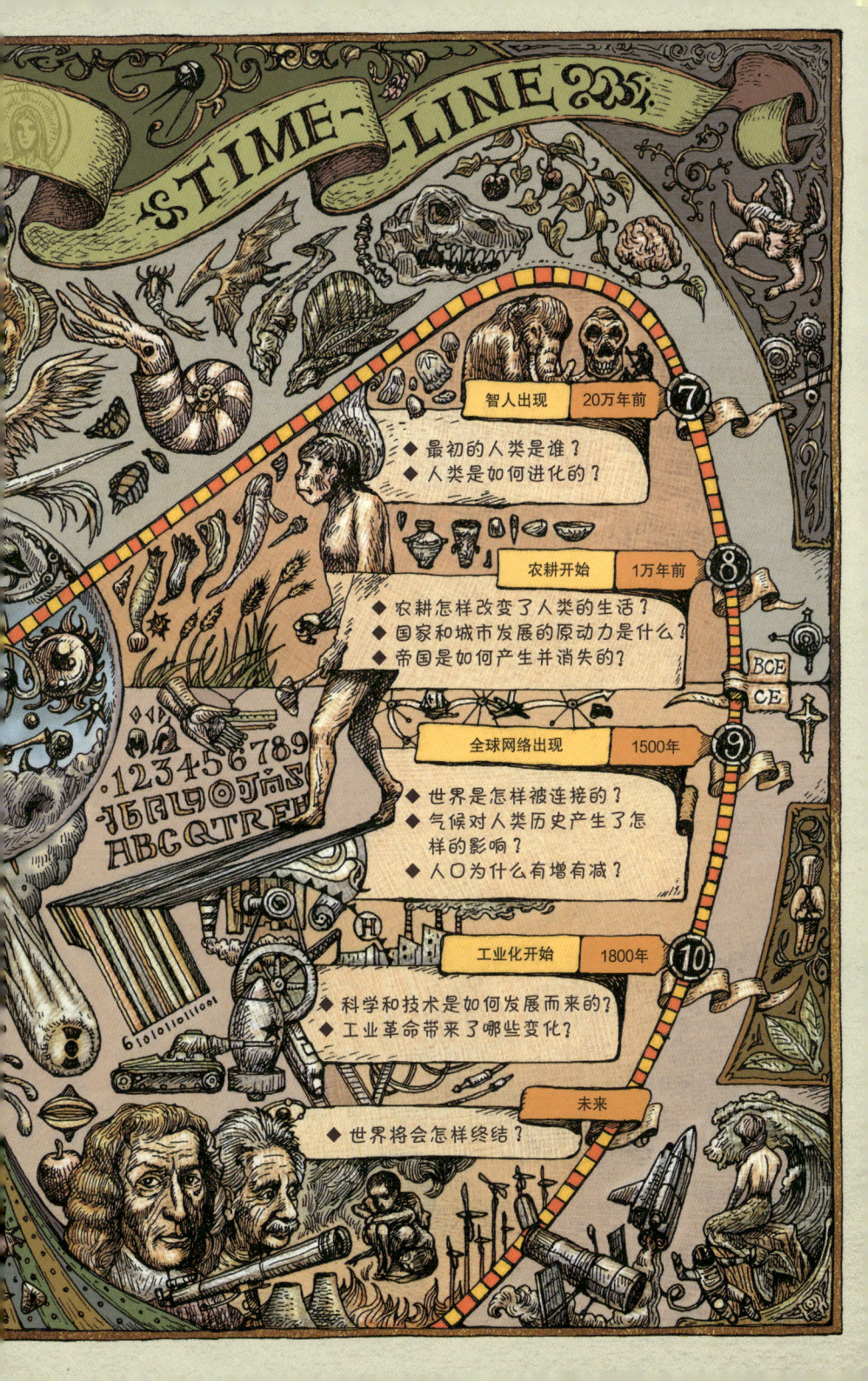

| 智人出现 | 20万年前 | ⑦ |

- 最初的人类是谁？
- 人类是如何进化的？

| 农耕开始 | 1万年前 | ⑧ |

- 农耕怎样改变了人类的生活？
- 国家和城市发展的原动力是什么？
- 帝国是如何产生并消失的？

| 全球网络出现 | 1500年 | ⑨ |

- 世界是怎样被连接的？
- 气候对人类历史产生了怎样的影响？
- 人口为什么有增有减？

| 工业化开始 | 1800年 | ⑩ |

- 科学和技术是如何发展而来的？
- 工业革命带来了哪些变化？

| 未来 |

- 世界将会怎样终结？

目录

引言　安装了发动机的世界　　1

① 曾经那时

食物网和能量转移　　9
使用能量的物种　　12
能量革命——火的使用　　14
新时代——农耕社会　　17
人力文明　　28

② 巨大浪潮

机器永不疲惫　　41
掘地生金　　51

拓展阅读

超越时空的通信工具　　32　　　　兴宣大院君和蒸汽船　　58

3 势不可当

世界越来越小，贸易越做越多　　62
通信技术的革命性发展　　68
工业城市的出现和世界的变化　　72
人口变化和能源消费的激增　　75
世界的主导力量　　78

卢德运动　　83
战争创造出来的能源技术　　85
智能社会　　87

4 能源界的全能选手

竞争激烈的电气时代　　91
电力驱动的世界　　94
高效能源——核能　　98
新能源和可再生能源　　103
被技术左右的时代　　108

5 那现在呢？

气喘吁吁的地球　　126
污染无处不在？　　131
环境回旋镖　　135
为了共存　　142
玉不琢，不成器　　146
过多过少都不好　　151

拓展阅读

生物燃料的优缺点　　113
第四次工业革命——人工智能时代　　117

6

明日不同今时

同在一个屋檐下　　*158*

团结一致生，各自为战死　　*162*

从大历史的观点看"工业化与人类世"　　*173*

变异病毒的威胁　　*168*

安装了发动机的世界

引言

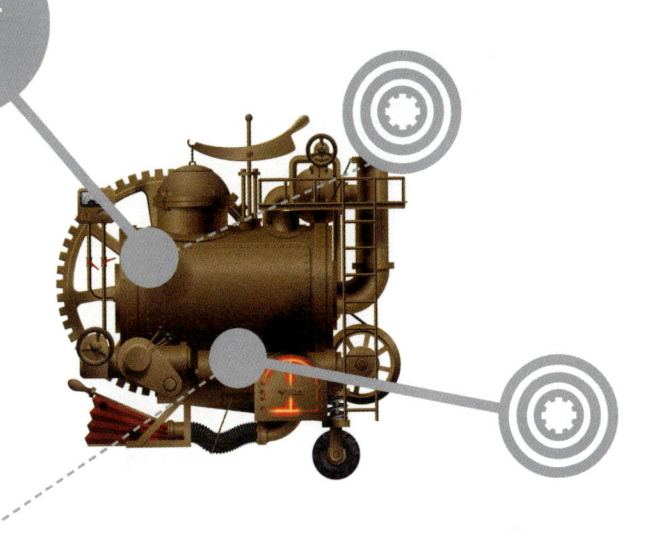

当今世界上仍有很多人过着与文明隔绝的生活。在气候炎热的热带雨林，有些部落仍旧延续着和几千年前相差无几的生活。尽管数量有所减少，但仍有不少像北极地区的因纽特人、中东和撒哈拉沙漠的贝都因人、斯堪的纳维亚半岛北部的拉普族这样四处游牧的民族。他们只有打猎所需的刀等武器和烹饪工具等一些基本物品，没有我们日常使用的现代工具。但是，难道因为他们拥有的工具数量少，就只把我们的生活看作文明吗？

不同的学者和时代对文明的定义不尽相同。一般来说，文明是指具备了一定条件的社会。在这个社会里，人们在城市聚居，存在社会阶层，可以通过文字进行沟通交流。但本书中的文明是指狭义的文明，即在一个社会里

可以创造和享受建筑、道路等衣食住行所需的物品，以及书籍、通信和交通工具等"使人类思考或物资流通"的事物。从这个观点来看，没有文明，文化也可以产生并存在。

人类从事农耕生产并定居下来之后，形成社会，使文明不断发展。人口聚集的数量超过小部落的规模之后，就形成了城市，随着城市周边势力的整合，聚集了更多的人。随着人口增多，形成了各种社会制度和文化。群体之间不可避免地会发生一些冲突。随着冲突的扩大，渐渐形成了可以掌控城市的势力，并在其首领的统治下建立了国家。

公元前5000年左右，美索不达米亚地区出现了人类文明。在不同的地区和时代，人类文明呈现出不同的面貌，但都要依靠人类的力量，基本属于同一体系。埃及的金字塔、古罗马的斗兽场、中国的故宫博物院等巨型建筑都是依靠人力修建而成的。自公元前5000年起的7 000多年里，人类文明基本上都是依靠大量人力得以延续的。

但是，人类数千年习以为常的文明形式在几十年间发

文化

英语"culture"（文化）一词是从拉丁语"cultura"（农活）衍生而来的。由此我们可以得知，文化和人类因农耕而开始的大规模群居生活息息相关。一般来说，文化是指多数人共有的行为方式和价值观。

生了翻天覆地的变化。这一决定性事件出现在18世纪后期的英国。机械工程师和发明家詹姆斯·瓦特大幅提高了原有蒸汽机的效率，并将其成功地运用于商业生产。改良后的蒸汽机被组装到多个领域的机器上，从而使机器生产取代了人类劳动。从这个时期开始，文明就像是从马车换乘到火车上，发展速度有了质的变化。整个社会发生了改变，随着工业化的发展，资本主义经济体制占据了主导地位。工业化相当于给文明安装了一个发动机。

工厂、铁路、船舶等都安装了发动机，社会发生了难以预测的改变。农村人口蜂拥到需要大量劳动力的城市工厂里。城市和城市之间由铁路连接，主要的港口之间由更大、更快、更安全的船舶连接。随着大量人口投入工业生产，教育制度也发生了改变。新兴工业创造的财富，又创造出其他新的财富。同时，原有的地主阶级和农民阶级变成了资产阶级和工人阶级。大城市涌现出各种各样的城市基础设施，人们对个人和集体权利有了全新的认知。

自然界中的变化不可避免，人类文明亦如此。工业化在欧洲、亚洲、美洲等人类文明所在之处备受欢迎。这并不是因为工业化本身有什么独特的魅力，也不是工业化带来的生活变化多么诱人，从事农耕生产的农民也不可能都想成为工厂的工人。但在与工业化文明的竞争中，没有实现工业化的文明毫无优势可言，甚至连维持现状都力不从心。到19世纪帝国主义时期，这一事实更加凸显。就连延续了近300年的清朝在面对西方列强的侵略时也束手无策，只能加快工业化发展的步伐。

工业化不只影响了人类和文明。工业革命之后，人类开始真正影响环境和生态系统。环境是指"对生活造成直接影响的自然条件或社会状况"。也就是说，环境这一概念包括自然和社会，其本身并没有好坏之分，标准不一样，对环境的评价也不一样。另外，在不同的时代，不同的人对环境有着不同的评价。评价本身就是相对的，而不是绝对的，评价的目的不同，意义也会有所不同。

环境既受人类文明的影响，又会影响人类。大历史把人类和环境的关系在工业化影响下发生变化的时期称为"人类世"。我们再也回不到人类世之前的文明状态了。在没有污染这一概念前，工厂里的废水和废气没有经过任何处理就被排放出来。人类未能及时察觉到环境变化对自身的影响。直到20世纪，人类才意识到环境污染的危害，而现在，人们对人类活动可能会改变地球气候的担忧越来越大。人类该如何接受这一变化，做出何种对策，这点尚不明确。但有一点可以明确，那就是今天世界各国如何应对人类面临的这一共同难题，将决定人类的未来。因此，我们需要从世界在工业革命开启人类世之后经历的变化中寻求出路。

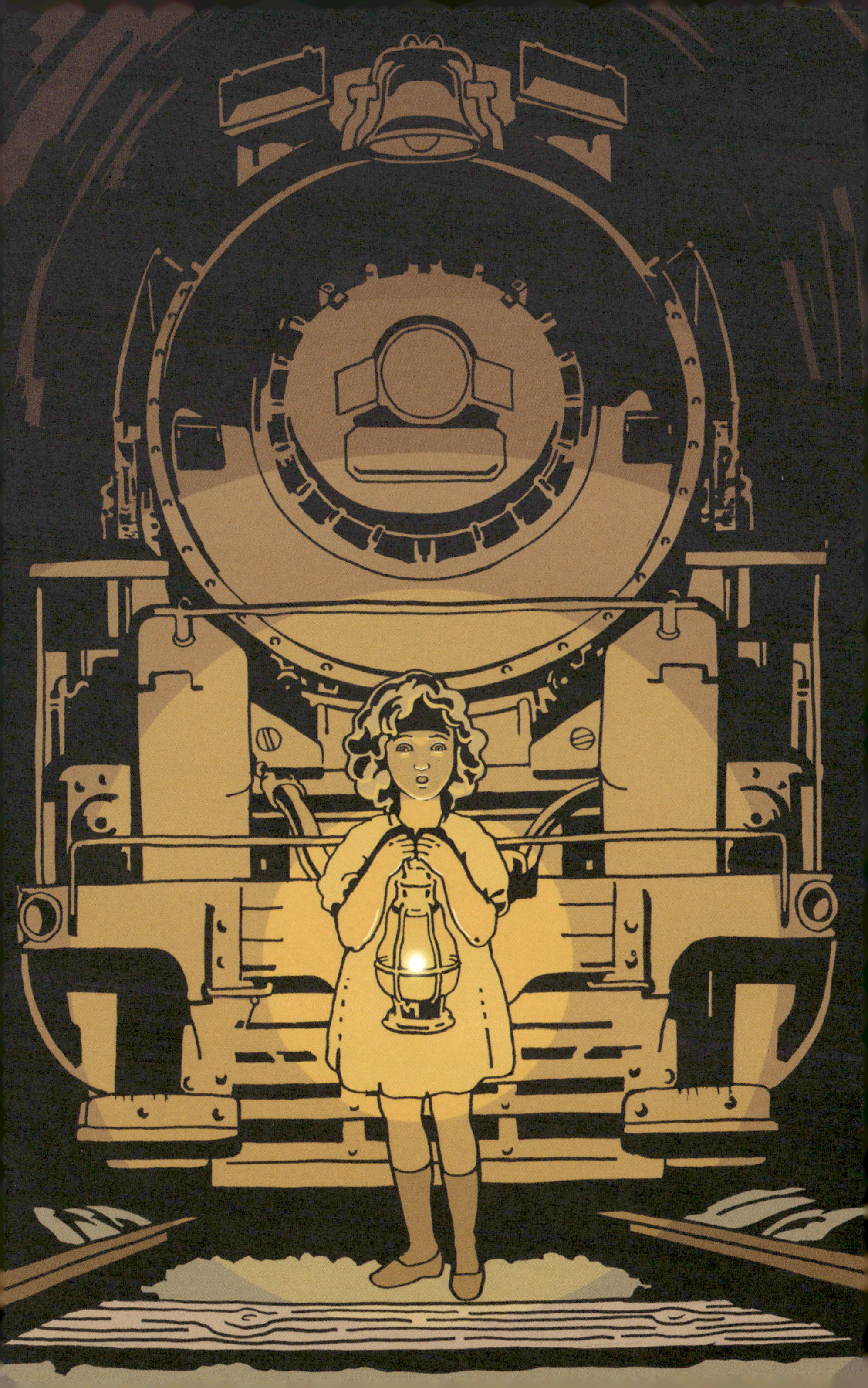

有关"工业革命"的书数不胜数。在过去200余年间,全世界在工业革命之后,经历工业化进程,在社会、经济、政治、教育、文化和环境等方面发生了天翻地覆的变化。要把这些内容都写进一本书里,几乎是天方夜谭。因此,本书主要从以下两个方面观察这一巨变。一是从使用火开始就为人类所利用的外部能源在工业革命以后有哪些变化,二是观察人类对全球环境造成的影响,从而预测我们将要面临的未来。

曾经那时

1

工业革命之前的人类

关于地球上大约存在多少种生物的疑问由来已久。生物的分类远比我们想象的复杂，甚至出现了"生物分类学"这一学科。我们一般把可以结成配偶繁殖的种群称为"物种"。根据最新研究，地球上存在 740 万 ~ 1 000 万种生物。所有生物都要利用能量，但方法不一。绿色植物吸收太阳能合成有机物，动物通过吃东西摄取所需能量，这些都是在利用能量。

在人类看来，自己是一个有别于其他生物的特殊物种，和其他动植物非常不同。人类可以使用工具，拥有语言和文字，能够创造文明，与其他生物有所区别。此外，人类还有很多与其他物种不同的特征，很难一一列举，但这些特征都来自群居的生活方式。

除人类以外，很多物种都是大规模群居。大部分鱼类、鸟类、食草动物和昆虫都是群居动物，但这些动物与人类的群居生活并不相同。人类在部落内部（反复）进行大规模合作（和斗争），发挥学习能力，不断改变部落的结构和形态。正因为这些特征，语言和文字等全方位的文明被创造出来。

当然，这并不是说无法像人类一样使用手或没有语言便无法生存。其他动物即使没有手，也会用脚或尾巴做出自己需要的动作。没有任何工具也可以进行交流，达到自己的目的。鱼或草原上的羚羊、候鸟等群居动物也会通过沟通协调行动。

即便如此，人类和其他物种之间仍然存在着决定性的差别。人类不仅可以生存和繁衍，而且可以进行生产创造。通过持续不断的创造，人类可以制造出前所未有的新事物。如果环境不发生变化，除人类之外的其他生物现在还会维持着类似于100万年前的生活方式。而反观人类，今时不同往日，明日又不同今时，这就是人类区别于其他物种的主要特征，而这些都来自群居社会中形成的学习能力。

天上不会掉馅饼。要想有效地维持庞大的集团，学习新东西，就要付出相应的代价。人类为此付出了能量。人类也和其他物种一样，从自然界中获取能量，但能量的使用方法和使用目的不同。人类不仅可以通过吃东西摄取能量，而且可以通过其他多种方法获取能量。为了创造良好的人类文明发展环境，人类运用各种知识和技术使用能量。进入人类世之后，为了维持人类文明而付出的代价也急剧增大。

食物网和能量转移

在生态系统中，生物通过捕食其他物种维持生存。生物的种类不同，其捕食的对象也不同。蚂蚱吃草，青蛙吃蚂蚱，蛇吃青蛙，老鹰吃蛇。但没有吃老鹰的蛇，也没有吃蛇的青蛙。通过这种方式，每种动物既是其他动物的捕食者，又是其他动物的食物。这种关系就像一条环环相扣的锁链，因此被称为食物链。但在自然界中，生物间的捕食关系远比食物链复杂，类似一个食物网。空中之王老鹰衰老之后很难飞起来捕猎，就会沦为其他动物的食物。因此，所有生物，不论是什么种类，在食物链和食物网中处于何种位置，都会成为其他物种的食物。

食物网错综复杂，很难完全说得清道得明。但有一点是明确的，那就是，能量会随着食物网流动。吃东西才能获得能量，有能量才能行动。不吃东西就无法生存，包括人类在内的所有动物只有通过吃东西才能获取自身所需的

能量。狮子靠吃羚羊获取能量，羚羊靠吃植物获取能量。

植物把根部吸收的水分和叶子在空气中吸收的二氧化碳转化成糖，并在这个过程中释放出氧气。正所谓没有付出就没有收获。植物想把水和二氧化碳转化成糖和氧气需要消耗能量，为植物提供能量的是太阳。绿色植物吸收利用太阳光的能量，同化二氧化碳和水，制造有机物并释放氧气的过程叫作光合作用。

地球上所有生命的能量都来自太阳。太阳能是地球唯一的能量来源。植物不靠捕食其他生物为生，而是利用阳

地球上太阳能的用途

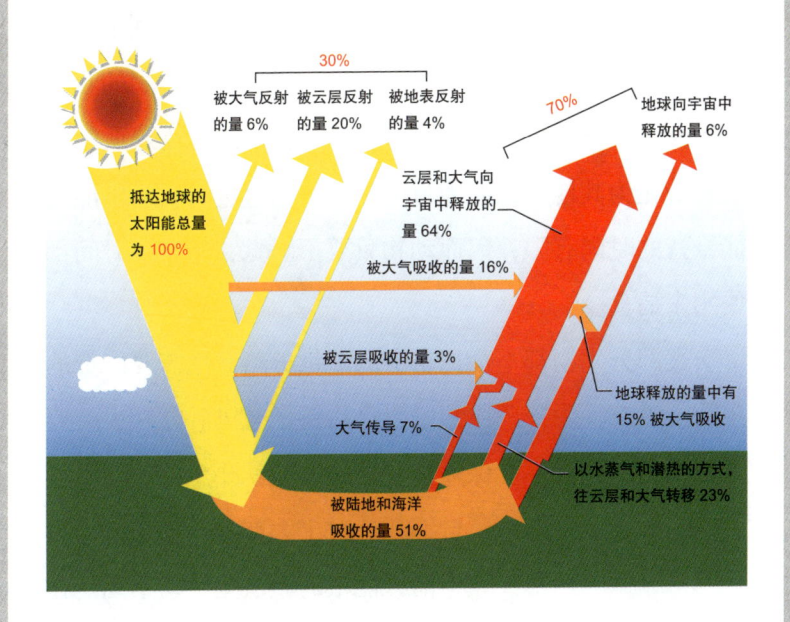

被大气反射的量 6%
被云层反射的量 20%
被地表反射的量 4%
30%

抵达地球的太阳能总量为 100%

地球向宇宙中释放的量 6%
70%

云层和大气向宇宙中释放的量 64%

被大气吸收的量 16%

被云层吸收的量 3%

地球释放的量中有 15% 被大气吸收

大气传导 7%

以水蒸气和潜热的方式，往云层和大气转移 23%

被陆地和海洋吸收的量 51%

太阳供给地球的能量和地球反射或释放的能量总量一致。地球的能量消耗如同一个家庭记账簿。如果地球向外部释放的能量比太阳供给地球的能量多，地球就会渐渐变冷；如果释放的能量较少，地球就会慢慢变热，而太阳和地球完美地做到了收支平衡。如果这一平衡被打破，或是太阳能无法抵达地球，地球就不再是生命的摇篮

光、水和二氧化碳合成动物可以摄取的能量形式——糖，是生态系统中的生产者。植物合成的糖随着生态系统内的食物网被其他动物利用，不断地流动。

1 曾经那时　　11

使用能量的物种

根据热力学第一定律，宇宙中的能量既不会创生，也不会消灭。但能量像一个乔装打扮的天才，在不同的状态下呈现出不同的形态。生物通过光合作用或进食获取的能量会转化为其他形式的能量消耗掉。通过进食获取的能量能维持的时间有限，因而动物只要不睡觉，大部分时间都要用来捕食。

大部分生物都不会把自身的能量分给其他需要能量的生物。没有一头羚羊愿意拿自己给狮子充饥。收入少就要减少消费，如果不能保障能量的补给，就要想办法减少能量消耗。对于大部分动物来说，最不消耗能量的做法是一动不动。在捕猎困难时期，熊之类的动物冬天会通过冬眠减少能量消耗。

生物无法调节自身的能量消耗速度，因此，周围环境所能提供的能量以及自身可以获取、保存的能量决定了生物的生活方式。如果老虎能像蛇一样，一次可以吃掉支撑几天甚至几周的食物，其生活和行为方式就会改变。同样，人类在能

热力学第一定律
在任何与周围隔绝的物质系统（孤立系统）中，不论发生什么变化或过程，能量的形态都可以发生转换，但能量的总和保持不变。这一定律也被称为能量守恒定律。

能量消耗最少的方法

动物或人通过减少不必要的活动来减少能量消耗

解决吃饭问题和不能解决吃饭问题时,生活方式也大相径庭。

　　远古人类会利用山洞和窝棚保存有限的能量,并更加高效地使用能量。从能量保存的角度看,待在山洞或窝棚里比赤身裸体地在旷野里经受风吹雨淋要好得多。人类是恒温动物,需要维持一定体温才能生存。在寒冷的冬季,穿衣服可以长时间维持体温。吃同样的食物,穿衣服的人比不穿衣服的人能坚持更长的时间。这也意味着,为了坚持相同的时间,可以吃更少的食物。在外部环境发生冷热变化时，人类为了减少维持体温所消耗的能量，发明了房子和衣服，这些可以说是最早的能量保存技术。

人类为了满足需求，开始寻找火等其他多种能量来源，并发展了使用技术。能量的使用，即火的使用，可以让人类比其他物种消耗更多的能量，形成了依靠外部能量生存的生活方式。

能量革命——火的使用

通过使用火，直立人在人类和其他物种之间挖出了一条无法逾越，至少到目前为止还无法逾越的鸿沟。直立人可以利用食物之外的新能量。因此，人类可以获取身体外部使用的能量，从而和其他动物产生了本质区别。

火是人类最重要的一种工具，但它并不是人类发明的。火是一种自然现象，气候干燥时会发生山火，火山爆发时流到地表的熔岩也会引发火灾。虽然无法得知人类从何时何地开始使用火，但有很多机会接触到这种自然产生的火。人类可以直立行走，使用双手，可以捡起燃烧的树枝。

火一旦被人类掌握，其力量超乎想象。人类为维持体温需要消耗能量，体温降低就需要摄取更多的能量。但火的热量可以抵御寒冷，人类在寒冷的天气里可以获取充分

山火

发生山火的原因有很多,但有不少是在适当的条件下自然燃烧的。闪电、火山爆发、滑坡等会使石块相互碰撞,产生火花,在干燥高温的环境中燃烧起来

的能量保暖,火把可以用来在夜晚照明,篝火可以用来保存火种。火可以使人类免受野生动物的侵袭,可以威胁或攻击其他动物或人类,还可以开始吃煮熟的食物。

除了人类,其他动物都不会使用火,也不会把食物煮熟后食用。虽然不知道人类为什么食用熟食,但把肉烤熟了吃有助于人类的生存繁衍。吃熟食可以加快进食和消化

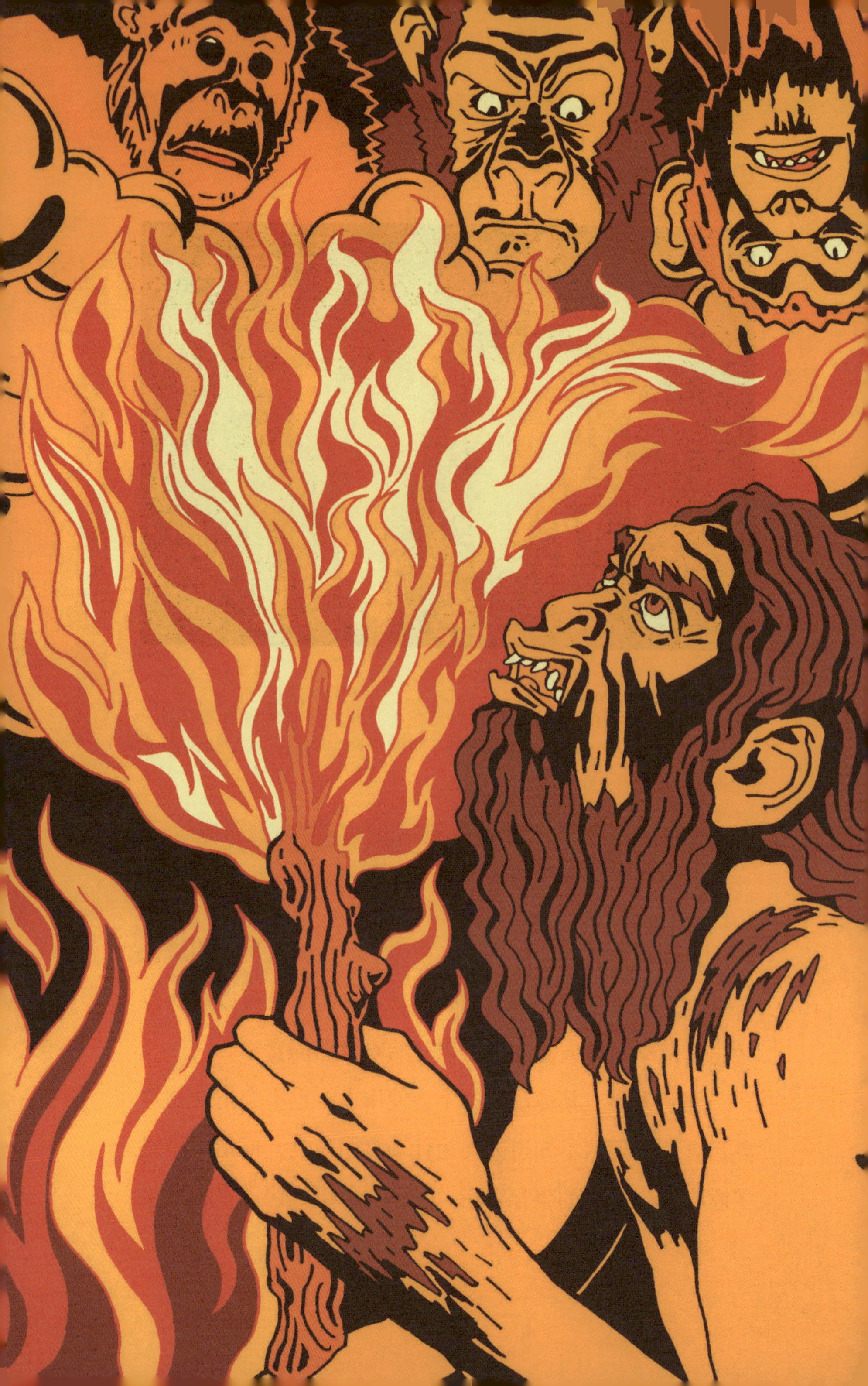

食物的速度。黑猩猩大约需要进食六个小时才能摄取一天所需的能量（1 800 千卡），而人类吃熟食一小时左右就可以摄取一天所需的能量（2 000~2 500 千卡）。吃熟食为人类创造了每天4个小时以上的闲暇时间。人体结构也随之发生了变化。由于食用柔软的食物，人的牙齿变小，肠子变短。在能保障能量供给后，需要消耗大量能量的脑容量增大，疾病的感染率降低。不仅如此，由于要保存火种，出现了男女分工，各自负责的工作内容也更加熟练，从而提高了生产效率。共同分享食物使人类之间形成了联系纽带，培养了社会属性。生物为了成功进化，需要保障足够的食物供给。从这一点来说，通过吃熟食，人类和其他动物走上了截然不同的道路。

新时代——农耕社会

火的发现使人类和其他生物区别开来，而农耕生活给人类带来的变化比以往人类所取得或制造的任何事件都要重大。

农耕的出现和火的使用表面上看毫无关联，实则密不可分。在人类依靠狩猎和采集为生的时代，火的使用可以使人们获取更多食物。在草地或丛林中放火，可以更容易把里面的动物赶出来，等燃烧过的地方重新长出草和树木，还可以用来引诱其他动物，这种农业被称为"刀耕火种"。随着火的使用，出现了最初的农耕，虽然不是栽培作物，但这可以说明人类可以对自然环境造成一定的影响。此后，人类逐渐掌握了系统的农耕技术，依靠农耕生存。与此同时，人类对周边环境的影响也日益加深。

通过农耕，人与环境的关系越来越密切。农耕生产的粮食超出了人类的生存需要，产生了剩余粮食，人类社会更加复杂多样。因此，大历史理论把农耕的出现看作人类历史上的一个重大转折点。

早期的人类通过狩猎动物和采集植物获取食物，但通过这种方式能够获取的食物并不多。人类想要在自然生态系统中和其他动物竞争，以获取足够的食物，实属不易。换句话说，用这种方式几乎无法持续获取超出生存需求的食物。

农耕、农活、农业

农耕是指栽培作物、饲养动物的行为及其相关的方法和技术。从大历史的观点来看，农耕是人类在周边的动植物中挑选出喜欢的物种，采用多种技术提高这些物种产量的活动。农活是指播撒谷物或水果的种子，种植秧苗等一系列栽培收获的过程。农业是从产业的角度看待农耕生产。由此可见，在这三个概念中，农耕的范围最广。

但只要具备一定的自然条件，农耕可以保障一年四季有吃不完的粮食。人类出于各种目的，开始驯化动物，使之成为家畜。家畜不仅可以提供劳动力，而且可以供给肉类。在驯养家畜、栽培谷物的过程中，人类积累了相应的农耕技术，逐步从依靠狩猎-采集社会步入以农耕生产为中心的社会。

从整个生态系统来看，农耕生产是在食物网中通过大量饲养动物或种植植物的方式获取食物。为了满足人类的需求，能量的流动变得简单了。人类不再通过自然界的食物网，而是直接把能量用于饲养动物、栽培植物，从而更加高效地获取能量。人类在一定区域内种植自己需要的粮食作物，并用各种方法驱赶妨碍谷物生长的各种动植物，独占收获的粮食，从而大幅增加了人类获得的能量。

任何东西都是不足时希望多多益善，但超过需求之后就会产生问题。古希腊有这样一个神话故事。阿耳戈英雄珀琉斯与海洋女神忒提斯结婚时，掌管争执的女神厄里斯带来一只金苹果，上刻"属于最美者"字样。参加婚宴的天后赫拉、智慧女神雅典娜和爱神阿佛洛狄忒都自以为最美，应得金苹果，并为此争执不下。因此这个苹果也被叫作"不和的苹果"。实际上，她们想要的并不是金苹果，而是"最美者"这一称号。最终，阿佛洛狄忒得到了"最美者"这一称号。

农耕创造出的剩余粮食就如同希腊神话里那个不和的苹果。如果某个人或某个部落拥有大量剩余粮食，那么争夺粮食的战争就不可避免。假设有一个100人的部落，其中70个人农耕收获的粮食可以供100人食用，那剩余的30个人就没必要劳动了。为了成为那无须劳动的30个人，就会产生"争斗"。如果附近有一个30个人的部落，依靠狩猎和采集为生，而旁边的部落70个人生产的粮食就足够100个人吃，那与其每天四处奔波，不如战胜旁边的部落。从经济角度来看，人类开始进入一个部落之间相互残杀反而更加有利可图的时代。

食物来源得以保障之后，人口随之增加。依靠狩猎和采集为生的部落最多只有几十个人一起生活。很难想象一个赤手空拳四处觅食的部落会有数百人甚至数千人。依靠狩猎和采集为生的部落无法在某个地方定居下来，即使能持续得到充足的食物，也无法保管。

开始农耕之后，粮食产量和人口同步增长。农耕生产保证了粮食供给，人口随之增加。人口增加之后，又可以在更为广阔的土地上进行耕种，进一步提高粮食产量。随着剩余粮食的增加，出现了统治阶层，而没出现所有农民都过上富足生活的美好景象。不过，在农耕社会，劳动力十分重要，子女越多越好，因此生育率高。在长期依靠农耕生活的国家，人们认为多子多福，这种思想在工业化之后仍持续了很长一段时间，促进了人口增加。

人口在农耕之后增加的另一个原因是可以把生产的谷物熬成粥，喂养婴儿，进而缩短了女性的母乳喂养时间。在农耕出现之前，一个孩子需要母乳喂养两到三年。在此期间，女人无法再生孩子。辅食出现之后，母乳喂养的时间缩短到九个月以内，生育的间隔也随之缩短了。

如果农耕生产只停留在解决人的吃饭问题上，那么人类历史将和现在完全不同。但是，几十人和数百人不仅仅是数字上的差异，人口增长到一定程度，就会产生社会组织结构，出现首领和社会分工。

随着农耕社会的发展，武器和农具等工具和生产技术

不断发展，社会上出现了有效的组织结构。农耕技术提高之后，粮食产量增加，人口逐渐增加，组织成员之间相互合作和争斗的事件也日益增多，需要有人调解部落内部的纷争，管理部落组织，于是出现了承担不同事务的小集团。这些小集团各司其职，分别承担从事农耕（生产劳动）、管理组织（官吏）、与其他部落战斗（军人）的责任，社会上出现了阶级。

农耕社会也为艺术行为的出现提供了条件。艺术这类精神享受活动一般都是在解决温饱之后才出现的。农耕为文明的出现和发展提供了条件，改变了人类的生活面貌。文明就如同农耕培育的一棵大树。

农民利用土地、阳光、水等原料和能量栽培特定的植物，饲养有用的家畜。如果要种植粮食作物或蔬菜，就需要利用土壤中的能量和养分。但土壤中的能量和养分有限，如果在某个地方种植同一种粮食作物，能量和养分就会枯竭。但有些地方的土壤，即使每年种植同一种粮食作物，也依旧肥沃。那些地方的土壤不仅养分丰富，而且可以持续补充农耕生产所消耗的养分。

埃及尼罗河下游在古代就和美索不达米亚地区同属"新月沃地"。这里土壤肥沃，每年尼罗河上游的暴雨会导致河水泛滥，把上游富含养分的土壤冲到下游，因此尼罗河下游地区可以生产大量粮食，人口增加，古埃及文明得以发展繁荣。（洪水每年的泛滥程度不一，因此下游地区也会遭受损失，但与洪水带来的肥沃土壤相比，其损失是微不足道的。）

人类从事农耕并不是为了创造文明，但任何地方在开

做农活的蚂蚁

农耕包括种植作物、饲养家畜及其相关的农业生产技术。从这一点来看，农耕是人类区别于动物的特征。然而，并非只有人类可以种植作物。蚂蚁和人类十分相似，过着有组织的集体生活，也做农活，同种之间还会相互残杀，以获取利益。南美的切叶蚁培养真菌，用来食用。最新研究表明，这种蚂蚁还可以不断改进真菌的培养方法。

切叶蚁在树叶上培养真菌

始农耕之后都相应地出现了人类文明。文明一般体现在建筑或道路之类的基础设施上。这些设施都需要投入大量劳动力、物资和技术，需要消耗大量能量。因此，不从事农耕生产的部落很难具有构建文明所需的剩余能量。成千上万人在一定时间内从事农耕生产就可以获得足够一年食用的粮食，这样人类就有了构建文明所需的剩余能量。随着土壤和人类的能量被用于农耕生产，人类获得了前所未有的巨大剩余能量，用来构建人类文明。

农耕需要投入大量劳动力，人类除了自己的劳动力，还发现了两种劳动力。

第一种是动物的劳动力。现在家畜主要用来提供蛋白质和皮革，或是像鱼缸里的鱼一样用来观赏或当作宠物。但在农耕生产没有实现机械化之前，家畜是一种很重要的劳动力。

第二种是利用他人的劳动力。有什么办法可以获得别人的劳动力呢？人不是动物，不可能被驯化成劳动力。要使用别人的劳动力，就需要付出一些代价，或制定出相应的制度体系。在人类历史上，并不是发生冲突时才爆发战争，很多时候是为了获取财物或大量劳动力才和其他部落战争。战争中获胜的一方可以夺取对方的财物，把战败部落的人当成奴隶，从而获得更多劳动力。但这种方法风险很高，很难确保成功，即便取胜也会有一定程度的损失。

家畜不仅可以为农耕生产提供劳动力,用来拉车,而且可以供人类食用,用处非常多。家畜由野生动物驯化而来,现在常见的家畜大约是在公元前2000年前被驯化的。

正如前文所述,人类按照自己的需求通过农耕改变了自然环境的能量循环,加深了人类和自然环境的相互影响。虽

农耕生产中使用的家畜

家畜的一个重要用途是提供劳动力。土壤环境和气候不同，主要使用的家畜种类也有所不同。西方多用马，东方多用牛来充当劳动力

然依靠狩猎和采集的生活方式也会受气候或天气的影响，但和依靠农耕生产和饲养家畜的生活方式相比，其影响非常小。受气候或天气的影响，几十人狩猎的猎物和采集的食物数量会有所变化。但如果降雨量过大或过小，日照不充分，或是遭遇台风，农耕就无法为数万、数十万人提供足够的粮食。

依靠狩猎和采集为生的部落对自然环境的影响也微乎其微。农耕生产需要开垦广阔的农田，开挖水渠，修建水库，这些活动从根本上改变了该地区的土壤和环境。人类自从开始农耕，就对自然产生影响。人类和自然的相互联系更加复杂紧密，人类更加依赖自然环境，自然也开始受到人类的影响，且影响的程度逐年加深，影响的速度逐步加快。

无机肥料（化肥）

农耕中最重要的是土地的养分。为了养活70亿人口，土地依靠人工提供的养分，才能承受住持续不断的大规模农耕生产。这些养分大部分来自工厂生产的化肥。如果没有化肥，全世界的农产品产量将大幅减少，而粮食减少之后的人类文明将会如何，其结果不言而喻。化肥可谓维持现代人类文明的一等功臣。

人力文明

划分人类文明发展阶段的方法各不相同，但大多数人认为一万年前出现的农耕时代在几千年内几乎没有什么大的变化。在农耕时代，人类大体上是以同一民族构成的部落为单位生活在一起，但随着部落规模的扩大，部落之间产生了竞争和冲突，一个部落压制其他部落，形成多个民族融合的政治体制——国家。这一时期被称为古典时期。

古典时期后期，阿拉伯帝国在中东地区不断扩张，形成了强大的势力；蒙古人建立了横跨欧亚的辽阔帝国。而根植于古罗马帝国和基督教文明的欧洲，在政治和社会方面相对来说没有太大的变化，社会文化停滞不前，被阿拉伯和蒙古势力压制，惶惶不可终日，这一时期几乎可以被称为黑暗时代。

西罗马帝国灭亡后，欧洲一直萎靡不振，直到文艺复兴时代才进入近代早期。这源于思考方式与看待人类和自然的方式发生了变化。明确问题，建立理论，通过实验证实的方法源自阿拉伯，但自从伊斯兰统治阿拉伯之后，对自然的好奇和研究被看作对神的挑战，以实证和理论为基础的科学很难在阿拉伯得以发展。但是，阿拉伯取得的成果并没有就此被埋没，而是在欧洲萌芽。罗杰·培根根据观察到的结果，提出一个假说，并用验证的方法观测自然

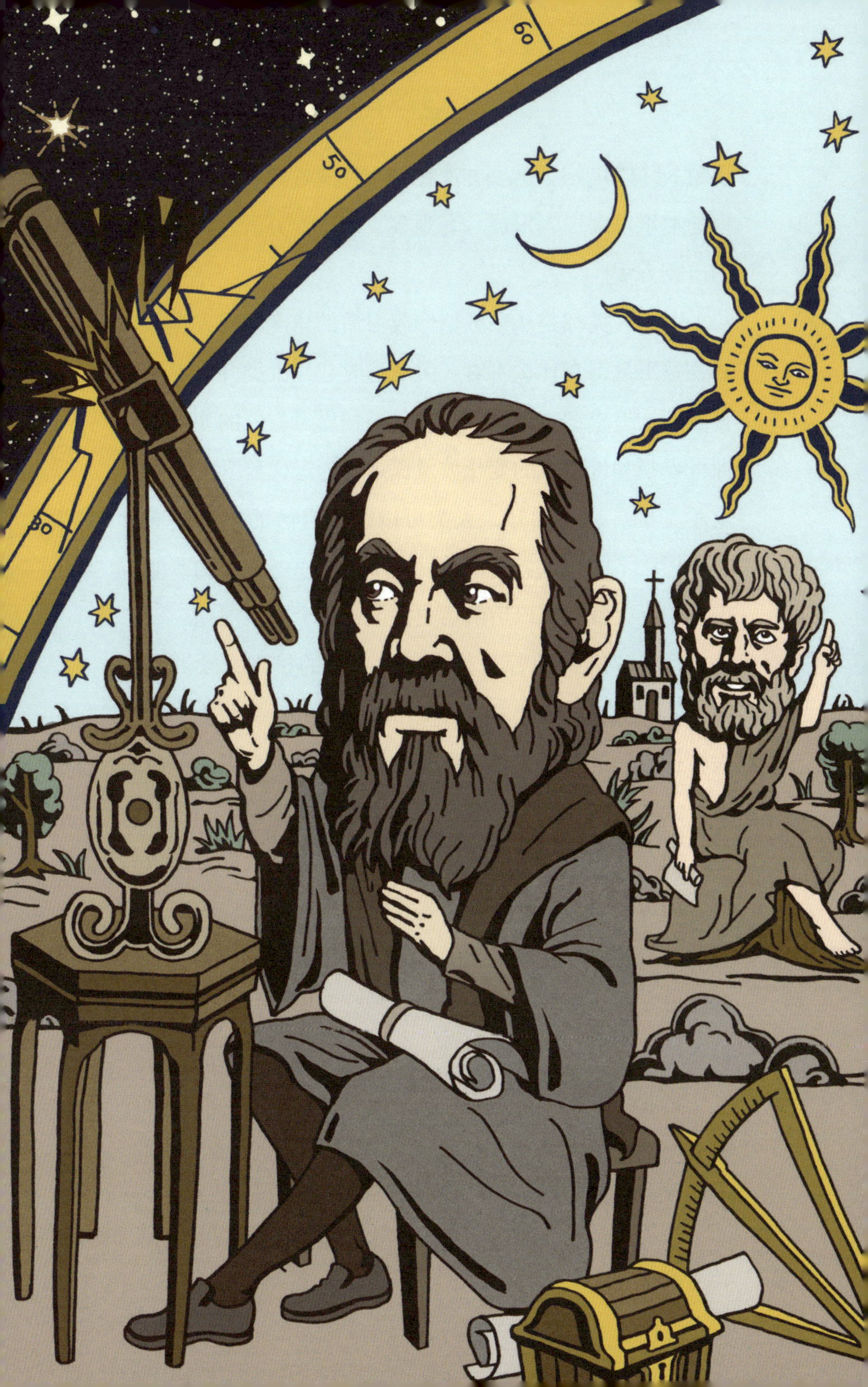
50

现象。到17世纪，这一方法在另一位同姓的弗朗西斯·培根的继承发展下，形成一套观察、实验、分析、归纳推理的研究方法。

以前人类都是从宗教信仰或习惯的角度看待人类和事物，并不觉得有什么不对。但从这时起，人类开始摆脱这种态度，追求逻辑和实证，这是一场思考方式的变革。欧洲世界观和价值观的变化波及深远，为近代科学的发展奠定了基础。众所周知，人类可以按照自己的想法改变世界，想法不同，世界的面貌就会不同。思考方法的改变所带来的巨大威力在以后的历史发展中也会有所展现。

近代早期，随着文艺复兴世界观的扩张，欧洲、亚洲、非洲形成了亚非欧连接网络，成为人类文明史上的一大转折点，进而迎来了工业革命的新浪潮。在工业革命之前，人类文明在不同地区和不同时代呈现出不同的面貌，但有一点是相同的，那就是人类所需的能量大部分是依靠自身的劳动力，或从家畜、木材中获取。尽管也出现了推动船前行的帆、利用风力的风车、利用水力的水车，但这些能量既不能储存，也无法输送到其他地方，只能起到辅助作用。

工业化并不只是发明和普及了几种技术，先前支撑人类文明的能量来自人力、畜力和木材，但在工业化之后，主要从大量生产的机器、从地下开采的煤炭和石油等化石

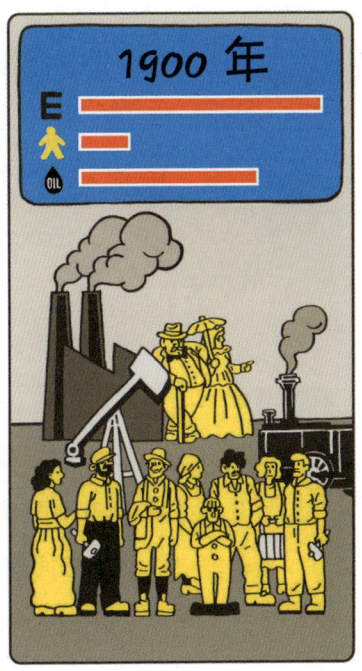

燃料中获取。能量可以被挖出来，它的开采量又决定了使用量。这意味着什么呢？国家和社会拥有的劳动力无法在一年之内增加一倍，但可以挖出两倍的煤炭，从此改变了推动人类文明发展的主要能量来源。

拓展阅读

超越时空的通信工具

人类的语言虽然比动物的叫声具有更多的功能，但只能维持在发声的那一瞬间，说完就消失了。因此，人类发明了文字，以克服这一限制。

世界各地的人类陆陆续续创造出自己的文字，但创制年代相差不过两三千年。在人类20多万年的历史长河中，这个时间间隔特别短。如果没有交流，大部分文明圈不可能在相似的时期内拥有文字。

但是，只依靠文字交流，文明圈之间的信息还不能很顺畅地沟通，需要有适合记录文字的工具。在纸张出现之前，文字的功用十分有限。

15世纪，在欧洲出现可以大量印刷书籍的印刷术之前，书都是手写而成的。想做几本内容一样的书，只能依靠人工抄写，制作一本书需要投入大量的时间与精力，因此之前的书籍十分昂贵，主要用来记载少数知识分子和上层阶级所需的知识信息。

书不仅可以传播思想和知识,而且可以跨越时代,积累知识。如果没有书籍,通过语言向子孙后代传播的知识和智慧十分有限。人类通过书籍积累知识,再把积累的知识传给子孙后代,这是书最大的用处。

虽说出现了文字和纸张就可以制作书籍,但书籍的大量印刷需要另当别论。从手写到利用印刷术大量印刷书籍,历经了将近1500年。

在北宋毕昇发明活字印刷术400多年后,15世纪50年代,德国人谷登堡发明了印刷机,其原理和现在的印刷机没有太大区别,都是先把活字一一排放组成一页,然后利用纸和墨进行印刷,用这种方法可以快速地大量印刷书籍。高丽时代的金属活字印刷术和谷登堡的印刷术在技术上没有太大区别,在其他方面却有诸多不同之处。

谷登堡可以用自己的发明赚钱,而在古代朝鲜半岛,国家掌控着印刷技术和工具,用来印刷和普及统

泥板、纸莎草纸、竹简、纸

文字必须有适合书写的工具（纸）。在纸被发明之前，不同地区使用不同的材料进行书写。在石头上刻字，不方便移动，只能用来记录，不适合用来传递信息。泥板、纸莎草纸的外壳和竹子等也可以用来书写文字，传递信息。纸是一项伟大的发明创造，和上面这些工具相比，其优点不言而喻。

谷登堡和印刷机

并非所有发明创造都能带来事业上的成功，谷登堡经营的印刷所因财务困难破产了。如果当时欧洲有多人合股的股份公司制度，谷登堡可能会成为富豪

治阶级需要的书籍。欧洲使用的文字由30个左右的字母组成，而古代朝鲜半岛印刷所用的汉字多达数万个，这种差异造成了不同的结果。汉字印刷的书籍普通百姓看不懂，只有知识阶层看，无须大量生产，因

此也无法引起社会变革。而在欧洲,《圣经》的大量印刷和普及引发了宗教改革这一历史性事件,从而改变了世界。

谷登堡的印刷术对政治的影响远比其对学术的影响大。《圣经》被大量印刷普及之后,不再是宗教特权阶层的专属品。美国作家马克·吐温曾说过:"无论这个世界现在如何,我们都欠谷登堡的。不管什么事,深入思考就会发现我们都需要感谢他,他的梦想因印刷术而变成现实,印刷术的负面影响还不及它带给人类益处的千分之一。"

书就如同15世纪的智能手机。个人拥有书籍之后,知识得以迅速传播。同时,手抄书籍过程中不可避免的错误和有意篡改也消失了。

人们大多期待创新技术的诞生,但科学技术的发展都是由一个个小的进步积累而成的。正如存款的利息越积越多,技术发展的速度越来越快。印刷术虽然引起了信息传播的革命,但无法与19世纪后科学的急速发展相提并论。书籍可以记载和传播知识,把

约翰·谷登堡

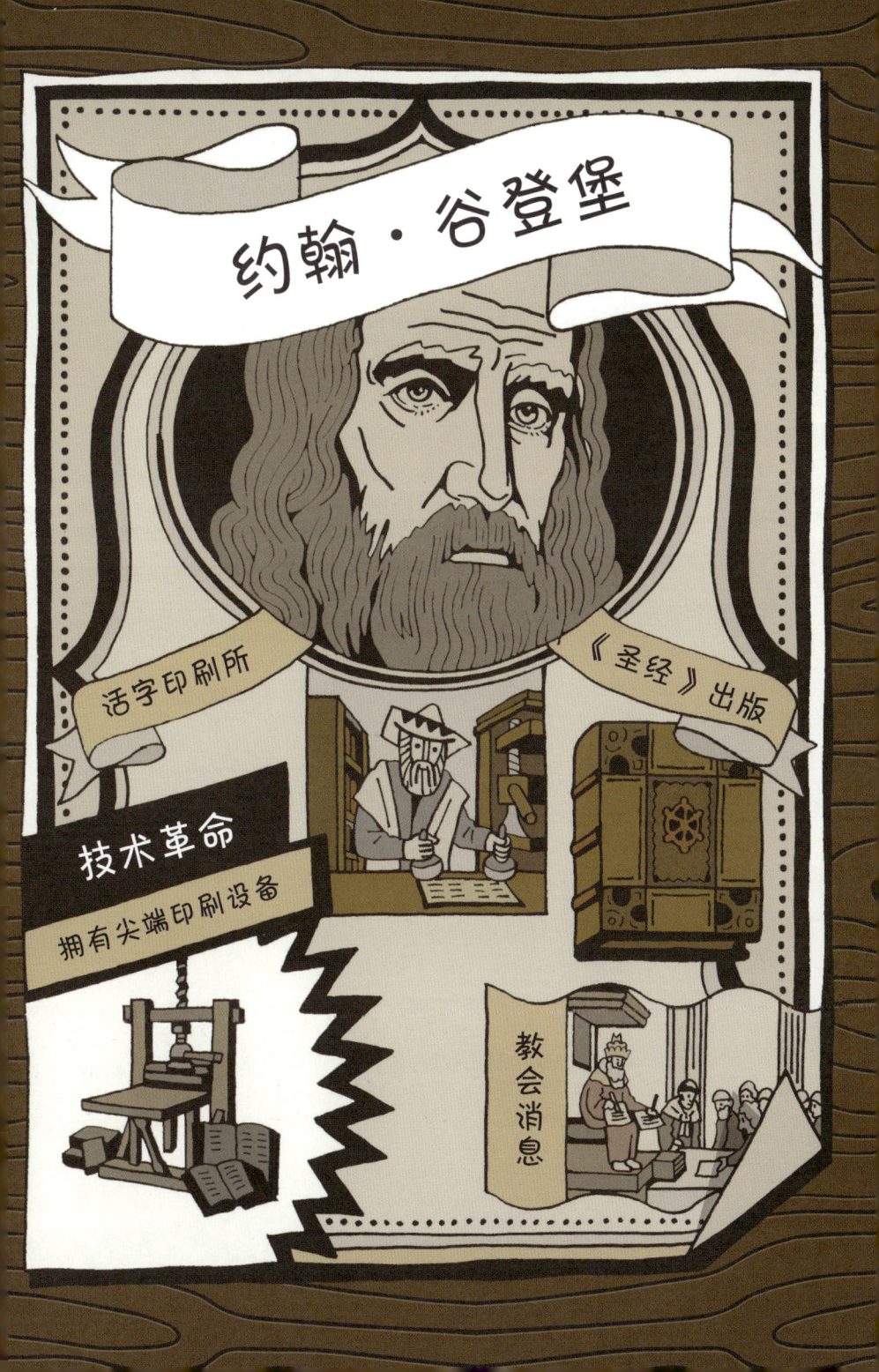

活字印刷所

《圣经》出版

技术革命

拥有尖端印刷设备

教会消息

知识传承给子孙后代。印刷术的出现使书籍印刷变得轻而易举，为以后科学技术的快速发展打下了良好基础。不管谷登堡出于什么原因发明了印刷术，印刷术的出现都如同给人类文明安装了发动机，推动人类文明迅速发展。

巨大浪潮

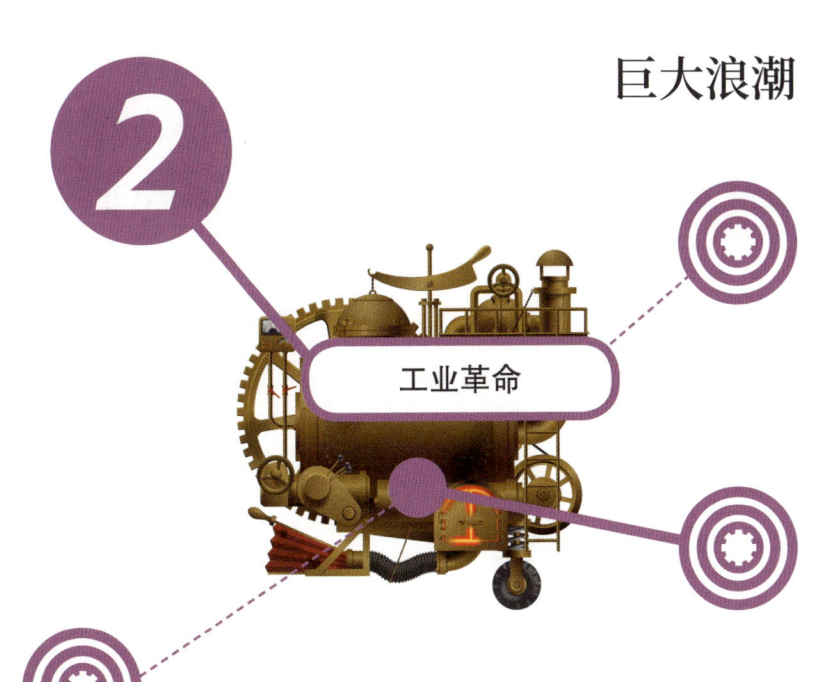

工业革命

工业革命是指 19 世纪英国经过一系列技术革新,经济重心从农业、手工业、贸易转移到以机器工业为主的大规模生产体系的现象。19 世纪初期,工业革命传播到周边的欧洲国家,进而扩散到全世界。通过工业化,相关国家的经济、社会和政治形态都发生了巨大变化。

工业革命看似一日之间突然袭来,但凡事都有前因后果,有其产生的基础。通过工业革命,英国一跃成为世界第一工业大国,主导了全世界的工业化进程。为什么工业革命会先从这个国家兴起呢?英国既没有丰富的地下资源,粮食也很难自给自足。但英国没有法国那么腐败,军队也更有战斗力,当时美国还是英国的殖民地,为放眼世界的英国贸易商创造了巨额利润。他们把这些利润投资到其他领域，以获取新的利润，形成了良性循环。在这个过程中，大量白银流入欧洲，与货币通用。货币经济、银行、股份公司、证券交易所、期货交易等渐渐站稳了脚跟，为资本主义经济体制奠定了基础。当时英国已经具备了快速扩散工业革命这一变革所需的条件。

随着工业革命的兴起，各国经历了急剧的社会变化，这一过程被称为工业化。工厂的生产效率空前提高，很多从事农耕生产的人口迁移到城市，成为工厂的工人。工厂云集之地发展成为大量工人居住的工业城市。蒸汽机为轮船和火车提供了动力，使得大规模运输成为可能。相比过去，人们可以把大量物资更加快速、安全地运送到目的地。

在大多数人口从事农耕生产的时期，人口没有必要集中居住在特定地区。而这时人数最多的阶层聚居在城市。因此，城市的形态和功能也随之发生了变化，从而使这些阶层以不同以往的方式影响政治。从事农耕生产的 100 万人散居在全国各地，和工厂的 100 万工人集中居住在几个城市，必然会在政治和社会上产生完全不同的效果。

不仅人口分布发生了变化，而且人口数量也有所改变。工业革命带来的最大变化是人口急剧增加。工业革命之前，人口一直增长缓慢。公元 1000 年左右，世界人口约为 3 亿；18 世纪中叶，工业革命刚刚兴起之时，世界人口约为 7 亿，人口增长一倍大约需要 750 年。但是，随着工业革命和工业化的发展，医疗技术提高，生活条件改善，工业革命之后，人口翻一番只需要 100 年。一般来说，在城市里会最先享受到技术改革带来的好处，城市数量越来越多，规模也越来越大，人口居住密集也是人口增长的重要原因之一。

工业化彻底改变了相关国家的面貌。工业化制造出用煤炭驱动的高效蒸汽机，让人类的生活变得更加方便，但其影响并非仅限于此。在草原上点一把火，很难判断草原会如何燃烧，也无法预测火会蔓延到哪片森林。通过工业革命，人类点燃了煤炭，掌握了以煤炭为燃料驱动的发动机，创造了人类前所未有的新文明。

机器永不疲惫

在地球 46 亿年左右的历史长河中，人类很晚才出现，智人大约出现在 20 万年前。人类历史大体可以分为两个阶段：第一阶段是没有历史记录的史前时代，第二阶段是有历史记录的时代。人类有记录的历史还不足一万年。虽然人类现在主宰着地球，但地球上的很多物种都比人类历史悠久。在它们眼中，人类只不过是最近才春风得意的暴发户而已。

在人类短暂的历史上，出现了几次重大变革，即农耕的出现、全球网络形成和工业革命引领的工业化进程。经历巨大的历史变革之后，人类的生活有了跨越式的发展。变化并不一定都是好的，但无论如何，人类都无法再回到之前的状态了。在大历史中，一共提到10个转折点，最后一个是始于工业革命的工业化历程。

无须再使用人力：发动机

推动这一变化的最重要因素是什么呢？那就是出现了无须依靠人类体力劳动，利用燃料反复做出特定动作的发动机。机器连接上发动机后可以不依靠人力运转。蒸汽机是一种以煤炭为燃料的发动机，驱动车轮就变成了火车，驱动螺旋桨就变成了蒸汽船。人类无须再转动机器或划桨了，只需往蒸汽机里添煤即可。

发明发动机的人可能从未想过自己的发明会彻底改变世界。对人类而言，在长达数百万年的人类历史和数千年的人类文明史中，大部分时间里"劳动"不是我做，就是你做，总是要依靠人力。对于狩猎-采集的原始部落或依靠农耕为生的大部分人类来说，只有成为无须劳动的阶层，才能不用劳动。

劳动有很多种，但没有人心甘情愿为他人免费劳动，可有些需要做但自己又不愿意做的事就需要别人来做。从这个角度来看，说人类历史就是一部为了占用他人劳动而不断斗争的历史，也不算言过其实。

人类通过战争和其他各种手段，征服其他部落、民族、人种，让他们为自己劳动。这一现象在整个历史时期不断上演。在工业化之前，奴隶、战俘、囚犯和牲畜都是有效替代劳动力的方法。而在工业化之后，机器可以替代大部分劳动力。不仅在工业领域，农业领域也不再需要人

马达

很多人一听到马达（电动机）这个词，头脑中会立刻浮现出一种利用电力旋转的东西，但马达并非只能依靠电力驱动。燃烧燃料获取动能的叫作发动机，马达专指电力马达，但从严格意义上讲，所有可以创造出动能的东西都是马达。儿童玩具、钟表、洗衣机、玄关门锁、汽车等，日常生活中处处都少不了马达。马达可以不依靠人力，它利用能量产生动力，从而减少了劳动力需求，创造出一个全新的世界。

电力马达、蒸汽发动机、汽油发动机都是马达

类直接挖地耕田、搬运石头了。但人类并没有从劳动中解放出来，机器仍然是需要人工操作的工具，而人类需要从事操作机器这一新型劳动。

水沸腾即可：蒸汽机

运动的形式可分为直线运动和旋转运动两种。如果有合适的工具，旋转运动和直线运动可以相互转换，只要创造出其中一种运动，就容易获得另一种运动。例如汽车发动机的活塞在气缸里反复进行直线运动，而轮子却在转圈。

旋转力可以转动车轮或螺旋桨，进而驱动汽车、火车或船舶。如果将这种力转换为碓或压力机之类的往返运动，就可以带动粉碎或按压的机器。把物体夹在旋转轴上，再碰触合适的工具，就可以带动机器进行切割。利用滑轮可以把旋转运动转换成直线运动拉动电梯。利用旋转力可以压缩空气（冰箱、空调），还可以通过调节空气的流动带动抽水的水泵。旋转力可以创造出所有机械运动，因此只要能获得旋转力，机器就可以代替我们做大部分工作。

人类在很久以前就开始尝试使用水蒸气了。古希腊学者海伦将装有水的长圆筒加热，制造出可以旋转的工具，并运用这一技术创造出世界上最早的自动门。这一装置利用水蒸气驱动物体运动，可以算作蒸汽机，但它并没有被运用到生产活动之中，很难被看作代替人类劳动的机器。真正意义上的蒸汽机出现的时间要晚得多。

工业革命始于詹姆斯·瓦特改良的蒸汽机。人们总是

曲轴

曲轴可以让旋转运动和直线运动相互转换。燃料燃烧促使发动机气缸内的活塞进行直线运动，然后经由曲轴转换成旋转运动，并传递给车轮

期望一场突如其来的变革能够改变世界。但是，变化的力量不会瞬间出现，而是通过一步步的积累和改善，慢慢创造出成果。瓦特并不是一位想要彻底改变世界的革命家，而只是一位想通过研发技术赚钱的工程师。

瓦特之前的蒸汽机设计原理是利用高温水蒸气，所以不管使用什么燃料，只要能把水煮沸就好。不管是木材、牛粪、煤炭、石油，只要能把水煮沸，都可以被用作

最早的自动门

图中描述了约 2 000 年前海伦发明的蒸汽自动门的工作原理。台上烧火加热下面水缸里的水,这时产生的水蒸气跑到旁边的小罐里,遇冷变成水,小罐的重量增加,随之下沉,滑轮打开房门

燃料。一台蒸汽机很难混合使用各种燃料,但可以设计制造出适合不同燃料特性的蒸汽机。正如不挑剔的人受到欢迎,蒸汽机不挑燃料,在很多地方都大受欢迎。

那么,瓦特对原有蒸汽机做了什么改良,从而引发了这一巨大变革呢?纽科门发明的蒸汽机只能利用蒸汽做往复运动,气缸运动时需要添加冷却水降温。瓦特大大提高

蒸汽机的工作原理

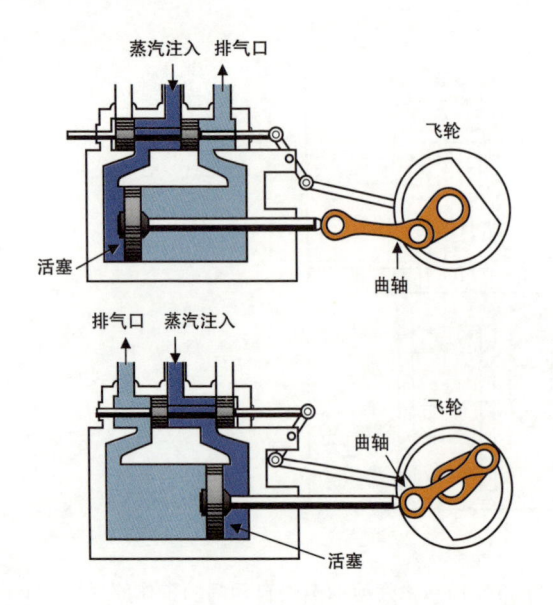

蒸汽注入　排气口

飞轮

曲轴

活塞

排气口　蒸汽注入

飞轮

曲轴

活塞

蒸汽机工作时，高压蒸汽从外部注入驱动活塞，连接活塞的曲轴转动飞轮。活塞一旦移动到气缸底部，就会把蒸汽注入气缸的另一边，转动飞轮。事实上，即使只从一处注入蒸汽，连接在飞轮上的阀门也可以决定蒸汽注入的方向。飞轮是一个巨大的圆盘，在气缸暂停运动时，它可以在惯性的作用下保持转动

了蒸汽机的效率，做同样的功只需消耗一半的煤炭。放到现在，就相当于新上市的汽车燃油效率提高了一倍，而且气缸也无须使用冷却水降温。之前为了补给冷却水，工厂都要建在河边，现在就没有这一地理限制。接着，瓦特又

发明了可以旋转运动的发动机。旋转运动可以增加机器的用途，使用蒸汽机的工厂无不关注瓦特的机器。瓦特的蒸汽机可以节省燃料，又无须加水冷却，可以自由选择地点，还可以做旋转运动，大大提高了使用范围。从此，工厂的机器生产快速扩大，引发了工业革命。

我们在日常生活中接触到的汽车发动机，点燃内部的燃料就可以把能量转化为旋转力。蒸汽机则是通过在外部燃烧燃料加热水桶，利用桶中产生的蒸汽获得旋转力。因此，蒸汽机被称为外燃机，使用石油的发动机被称为内燃机。

正如直接加热家中的热水器，比在院子里把水烧热供暖的效率高，在发动机内部燃烧燃料可以更加有效地利用热量。总而言之，内燃机比外燃机能源消耗少，效率高。内燃机还有一个优势，就是体积小。汽车发动机是典型的内燃机。

内燃机发明之后，大部分外燃机被内燃机代替。但现在有些发电厂仍然使用外燃机。发电厂通过发电机的运转产生电力，发电厂的动力来源有好多种，水力、风力和潮汐发电都是利用水的流动或风的力量驱动发动机发电，火力发电厂主要通过燃烧煤炭或石油带动发电机，核电站是利用铀等核燃料发生核裂变时产生的热量发电。利用煤

火力发电

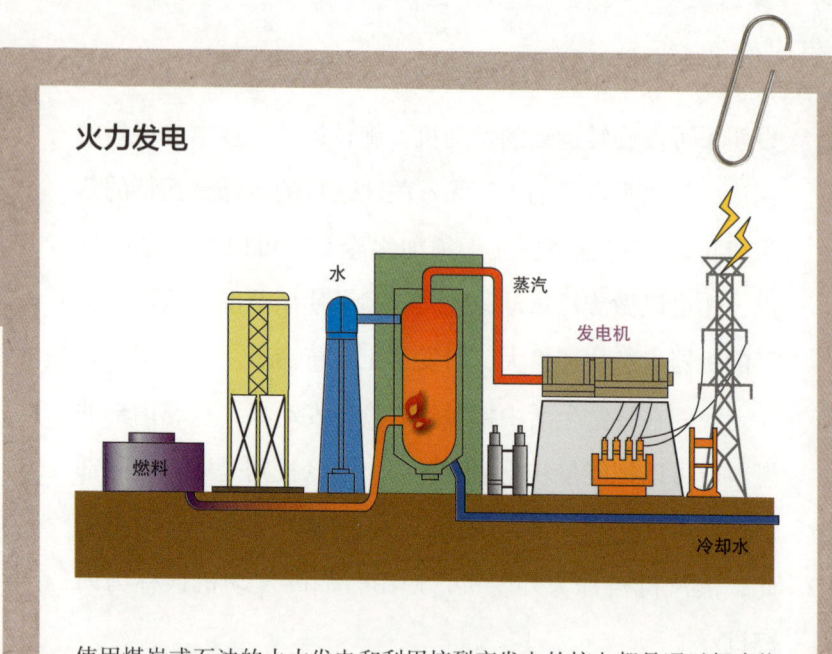

使用煤炭或石油的火力发电和利用核裂变发电的核电都是通过把水烧沸带动发电机发电。这些发电机也算是蒸汽机，只是烧水的燃料种类不同而已

炭、石油、核燃料使水沸腾产生蒸汽带动发电机的方式，和工业革命时期瓦特发明的蒸汽机的原理一样，只是形态有所不同。现在，全球 80% 的电力仍是依靠蒸汽机发电。蒸汽机宣告了工业革命的开始，成为各种工厂和运输工具的核心动力来源，推动了工业化进程，至今仍是电力生产的主要方式。

露天煤矿和地下煤矿

左图为澳大利亚一家裸露在地表的露天煤矿，但是世界上大部分煤矿像右图的地下煤矿一样深埋于地下

掘地生金

现在世界上可以利用的能源主要有石油、煤炭、天然气、水力、地热、太阳热能、核能等，但全世界使用的能源中有87%（2012年数据）来自煤炭、石油和天然气。这三种能源都深埋于地下，这是为什么呢？这些能源是数亿年前死亡的动植物在地下高温高压的作用下分解而成的，其生成过程与动植物化石相似，因此也被称为化石燃料。虽然大部分煤炭和石油深埋于地下，但仍有一部分裸

露在地表。

化石燃料的数量有限。现在,地表下面仍有化石燃料在不断形成,但至少要经过数百万年时间才能被用作燃料。化石燃料的生成速度远比人类开采和使用的速度慢得多。现在化石燃料的使用情况就如同一个人每天只能赚1块钱,却要花10块钱,入不敷出。

那么,化石燃料还剩下多少呢?如果足够人类使用100万年,那么也无须担忧,然而事实并不乐观。人们还无法准确掌握化石燃料的储量。科学技术的发展水平决定了化石燃料的勘探水平,准确地说,化石燃料的储量只是"现有技术所能勘探到的储量"。大体上,石油按照现有消费水平大约可以使用40年,煤炭大约可以使用150年,但这只不过是数字而已。因为人类曾在1960年和2000年根据当时的技术水平进行过预测,认为石油储量大约可以使用40年,所以没有必要根据现在掌握的储量,便预测化石燃料不久之后即将枯竭。针对环保主义者担忧化石燃料枯竭的问题,著名统计学家比约恩·隆伯格认为这就像是说"如果冰箱里的食物只够吃三天,那么第四天就只能挨饿"一样,但其实我们可以在第四天去市场采购。

我们无法准确地预测化石燃料的消费量会增加还是减少,新的油田和煤矿也会被不断地勘探出来。石油价格上

汽车驱动时的能效

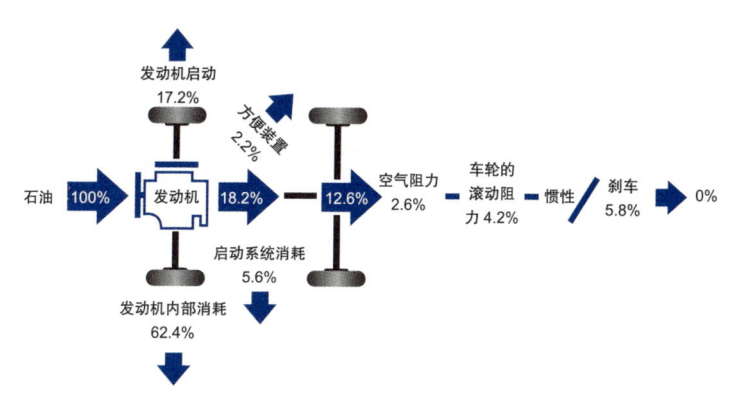

石油 100% → 发动机 → 18.2% → 12.6% → 0%

- 发动机启动 17.2%
- 方便装置 2.2%
- 启动系统消耗 5.6%
- 发动机内部消耗 62.4%
- 空气阻力 2.6%
- 车轮的滚动阻力 4.2%
- 惯性
- 刹车 5.8%

汽车中的燃料燃烧时，大部分能量都被消耗掉了，实际上用于转动车轮的能量仅为 12.6%，62.4% 的能量因发动机发热散失。汽车启动之后，即使不行驶时，也要消耗 17.2% 的能量。如果从石油的开采算起，整个过程的能源使用率更低。开采石油会耗费一定的能量，石油在运输、冶炼、储存，以及在加油站输送、加油的过程中都会大量损耗能量，而且其中每个过程都需要投入大量时间和能量。也就是说，人类利用能源的效率很低。反过来说，这也意味着还有很大提升空间

涨，进一步推动石油勘探，随着勘探技术的发展，即使石油的开采费用巨大，油田也能获得经济利益。如此一来，人类可以使用的石油储量也会随之增加。

在化石燃料中，首先被大量使用的是煤炭。科学证明，14 世纪到 19 世纪中叶，北半球的平均气温比现在低，被称为小冰期。18 世纪后期，欧洲北部和中部的冬天比

以前冷，夏天气温也低，粮食减产，经常发生饥荒。英国的冬季寒冷漫长，取暖的燃料需求也持续增长。当时人们主要使用木材作为燃料，但人们很难突然提高木材生产量以满足需求，于是开始把煤炭当作新的取暖燃料。随着煤炭的需求增加，出现了各种更为高效的采矿技术。蒸汽机也是其中之一。21世纪，我们担心人类活动会导致气候变化，而在18世纪中期，气候变化促使人类寻找新的动力来源。

煤炭是一种旧能源，是工业革命时代的象征，至今仍是一种重要能源，占人类使用的能源的1/3。虽然现在的日常生活中不经常使用煤炭，但是直至今日，约三分之一的电力都依靠煤炭生产。在一些国家，核能发电的比例较高，但纵观全球，更多是利用煤炭的火力发电。钢铁是建设现代文明的重要资源，其生产过程中也离不开煤炭。很难想象如果没有电和铁，这个世界将会怎样。我们的技术越来越依赖电力，人类仍旧离不开煤炭，煤炭仍是担负人类未来的重要资源。

石油的有效利用方法被开发出来之后，马上就和煤炭一样，成为一种重要能源。石油自古就为人类所知，但它占据如此重要的地位还是在工业革命发生很久之后。从现代意义上讲，1853年利用石油的煤油灯出现之后，石油

全世界的能源比例

不同能源的消费比例

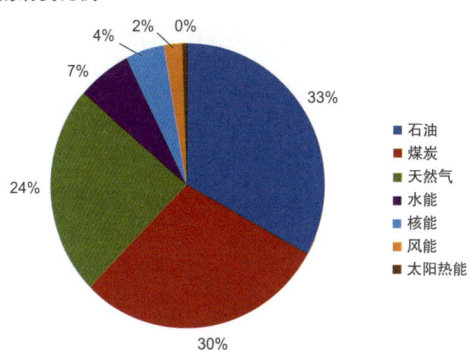

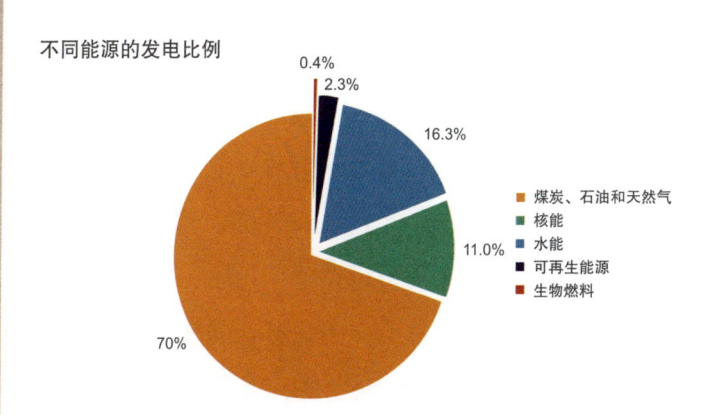

- 石油 33%
- 煤炭 30%
- 天然气 24%
- 水能 7%
- 核能 4%
- 风能 2%
- 太阳热能 0%

不同能源的发电比例

- 煤炭、石油和天然气 70%
- 核能 16.3%
- 水能 11.0%
- 可再生能源 2.3%
- 生物燃料 0.4%

2012年全球消费的能源中，87%来自煤炭、石油和天然气等化石燃料。包括用于核能发电的铀在内，人类从地下开采的能源占全部能源消费的91%。工业化文明以化石燃料作为能源，这充分说明现代文明建立在工业革命的基础之上。此外，电能作为支撑现代文明的重要能源，其情况也大同小异。全球电力的70%依靠煤炭、石油和天然气，核能发电的比例为11%。

2　巨大浪潮

才成为主要燃料。很快，欧洲的很多城市都设置了路灯，美国对照明用灯油的需求也急剧增加。人类文明终于驱散了夜晚的黑暗，进而延长了人类的活动时间。

以石油为燃料的内燃机被发明之后，石油才真正成为工业化的核心。随着内燃机的发明，用蒸汽机很难制造的汽车和飞机技术得以迅猛发展。此外，还出现了很多以石油为原料的塑料、化肥等石化产品。铁路和蒸汽船构成了连接全世界的运输网络，而汽车和飞机的出现无疑为奔驰的骏马插上了一双翅膀。石油和煤炭成为支撑人类文明的重要能源。

随着劳动机器的出现，人类开始对环境产生影响。为了重新划分时代，人们创造了"人类世"这个新词语。对于最近的学者来说，人类世可谓是个烫手山芋。未来学家阿尔文·托夫勒把农耕社会向工业社会转变的过程称为"第二次浪潮"。由于工业化的发展，人类开始大规模消耗能源，大部分是煤炭、石油等从地下开采的资源。从生态系统的角度来看，之前埋藏的能源被持续注入生态系统之中。人类是生态系统的一部分，同时又影响着整个生态系统。

约1万年前，人类开始农耕。此后，人类文明不断发展变化，但与工业革命之后的巨大变化相比都无足轻重。

洛克菲勒

19世纪中叶,洛克菲勒以美国激增的石油需求为跳板,开拓了自己的事业,成为世界首富。南北战争之后,洛克菲勒认识到石油在美国经济中的重要价值,通过吞并竞争对手,垄断了石油产业,他的公司一度占据世界石油市场的98%。洛克菲勒趁资本主义初期制度尚未完善,积累了巨额财富,受到了诸多非议。不过,洛克菲勒设立了慈善基金会,援助公益事业,为美国社会做出了贡献

人类大量开采和利用煤炭、石油等化石燃料,向大气中排放二氧化碳等废气,制造出从来没有存在过的多种化学物质,使生态系统面临前所未有的新状况。

因此,荷兰化学家保罗·克鲁岑提议将工业革命之后的时期称为"人类世"。这一名称不仅承认人类的影响力,而且要求人类对其他生物富有责任感。

拓展阅读

兴宣大院君和蒸汽船

19世纪后期,朝鲜的实际掌权人物兴宣大院君在经历西方列强入侵后,见识了蒸汽船的威力,也感受到拥有蒸汽船的必要性。据说,为了抵抗西方的蒸汽船,他发明了鹤羽船(用鹤羽制作的船)。本想用羽毛的弹力把炮弹弹掉,但羽毛粘成的船一下水便沉入水底。

不久,美国的"舍门将军号"武装商船旗帜飘扬地沿大同江进入平壤,被朝鲜军民放火烧毁,朝鲜由此得到一台蒸汽机。大院君重新制作了一艘装载蒸汽机的船,但没有使用煤炭,而是用木炭做燃料,终因火力不足而再次失败。

从此以后,朝鲜不再开发新式武器,改从国外进口。虽然从这些事上能看出朝鲜在研发新技术上付出的努力,但也赤裸裸地揭示了朝鲜对技术的无知。近代科学建立在数学的基础之上,所有机器都依靠数学分析制造而成。因此，在无法计算出蒸汽机所需热量和燃料量的状态下，随便烧些燃料是无法开动的。凭借感觉和经验可以把铁敲打成刀，但不会数学就无法理解和制造机器。从现代意义上讲，对于没有掌握数学这一工具的朝鲜来说，机器不过是水中月镜中花罢了。

邻国日本对待西方列强的方式则和朝鲜大相径庭。1853年，美国海军上将佩里率领4艘舰船要求日本政府开港通商。之前，日本也和朝鲜一样禁止和西方国家进行交流，初期闭关锁国派占据了上风。但通过鸦片战争，日本看到西方的军事威力可以让中国（清朝）沦为半殖民地，日本一直关注外部信息，开国派的力量占了上风。最终，日本政府向美国开放港口，积极与列强开展交流。

当时日本在大开国门之际，主张国家改革的势力终结了统治日本260多年的德川幕府，曾经作为政治象征存在的天皇成为实际君主。相反，朝鲜并没有出现推翻现有体制的系统性大规模运动。朝鲜的经济规模落后于日本，政治结构在世界上没有竞争力，也不了解世界的发展局势。同时，对于那部分主张变化的势力来说，通过根本性的变化改变国家命运，开拓国家未来的意志也相对薄弱。在日本和美国缔结友好通商条约18年后，日本军舰"云扬号"袭击了朝鲜江华岛。

欧洲的工业革命和之后的工业化进程历经了100多年，而在东亚很快就实现了，并造成了深远的影响。中国（清朝）、没有经历革命的朝鲜、日本等东亚国家很快认识到变化的意义和威力，并做出决策，而这些决策的差异影响了各国的命运。

势不可当

3

工业化带来的变化

使用动力机器大幅提高了生产量,一台织布机的生产力相当于十个工人。工业中最重要的是用最少的费用赚取最大的利益。工厂之所以使用机器,也是因为使用机器比使用人工利润大。

瓦特改良了蒸汽机之后,并没有很快在英国实现工业化。英国的工厂也并非一夜之间就全部安装了成千上万台蒸汽机,以取代工人。但比人工更便宜、性能稳定的机器出现之后,早晚会进入社会的各个角落。进入 19 世纪,机器才得以取代人类,真正得到普及。现在,人很难依靠从事机器也可以做的工作生存。从生产者的立场来看,只要人工费用不够低廉,就无法与机器竞争。

随着工厂的机械化,进行大规模生产的行业比例增

越南的水产品加工厂

在21世纪，只要人工费用低廉，工厂里即使没有机器，也可以正常运转

加，加速了工业化进程。农村人口大规模涌入城市，工业城市在政治、社会和文化等方面发生了势不可当的变化。

世界越来越小，贸易越做越多

工业化改变世界或对世界做出的最大贡献是出现了动力驱动的交通工具。在工业化之前，纺织业是欧洲最大的产业，事业成败由原料产地、生产工厂和消费市场的位置决定。生产工厂只能建在落差较大，可以使用水力的山区。不仅纺织业，大部分产业都是如此。像玻璃厂这种需要大量煤炭的地方，煤炭的运输费用是决定工厂选址的重要因素。在工业革命之前，人要出行或运输物资，只能步行，坐人力车或依靠马之类的家畜。把羊毛产地的原料运到工厂，把生产出来的纺织品运到城市，都要靠马匹托运，不仅运输费用昂贵，而且速度十分缓慢。

但进入19世纪以后，借助科学技术的发展，原本体积庞大的蒸汽机缩小到了火车大小。凭借这一技术，1804年，英国率先出现了蒸汽机车，这是第一次不依靠人力或畜力运输物资。紧接着，1807年，美国制造出蒸汽机驱动的船舶。从此，人类在陆地和海洋上都可以不再依靠人力和畜力远行。

在工业革命之前的15世纪，连接世界的全球网络已经形成。但在陆地上需要依靠步行或家畜，在海洋里需要划桨或借助风力，这都要耗费大量时间。而火车和蒸汽船的安全性更高，速度也更快。例如，从英国到纽约，利用帆船横渡大西洋往返大约需要65天，而"大西方号"蒸汽船往返只需27天，后来又缩短到15天。在陆地上，火车的速度也是马车无法匹敌的。19世纪中期，蒸汽机车的时速已经超过了100千米，其运输量之大也是之前无法

蒸汽机车

在足以拖动多节客车车厢或货车车厢的蒸汽机被制造出来后,铁路渐渐成为主要的运输手段

想象的,安全性能也更为稳定。

　　随着交通网络日益发达,商业贸易繁荣,互相联系的两个地区的文化和生活水平也越来越趋同。韩国虽然国土面积狭小,但20多年前,各地的生活水平和生活风貌还有很大不同,现在,这种差异已经小了很多。以前在大城市才能

买到的东西，现在在中小城市也不难买到，这得益于各地的大型超市等物流设施和发达的交通网络。19世纪，西欧和美国出现新的交通工具时，很快也产生了这种效果。

铁路和蒸汽船的出现大大拉近了世界的距离。1770年，从英国伦敦去往330千米之外的曼彻斯特需要花费四天时间，而到1880年，只需四个小时。不仅是人类出行，商品、原料、食品和邮件的运输速度也变快了。这种变化

标准时间的诞生

在铁路出现之前，还没有标准时间一说，各地根据太阳的移动确定时间。但进入19世纪之后，英国在全国建立了发达的铁路网络，需要更加精确地知道火车的出发和到达时间。铁路公司把格林尼治天文台的时间定为标准时间，制定了时区。之前英国的海运公司已经开始使用格林尼治时间这一概念，用格林尼治天文台的经度为标准计算船舶的位置。由于英国国力强大，后来全世界都把格林尼治时间定为标准时间。

格林尼治天文台的时钟

3 势不可当　65

使物品运输更为便利，从而带动了整个经济的增长。

随着地区间的贸易日益活跃，对铁路的投资也持续增加。建设铁路不仅需要砖、水泥、铁、煤炭，而且需要很多工具和大量劳动力。随着相关产业繁荣发展，许多人开始从事与铁路有关的工业生产，相关公司的股票也成为众人的投资对象，金融产业快速发展起来。

铁路初期的费用十分昂贵，铁路公司把客户群主要锁定在富裕阶层。因为比起数量众多但不稳定的客户群，以有财力的客户为服务对象，收益虽少，但更为保险。但到19世纪中期，英国政府立法强制铁路公司提供普通席位，这才使更多人得以使用铁路。

蒸汽船在海上也十分活跃。在蒸汽船出现之前，人类已经可以利用船舶抵达世界各地。但由于航行速度不稳定，船舶的货物装载量不大，很难维持定期的大规模贸易。而只要持续供应煤炭，蒸汽船就可以维持一定的航行速度，人们得以同远方的国家进行定期贸易。当时，英国需要从中国大量进口茶叶，积极研发可以绕过非洲南端抵达中国，适合长距离航行的蒸汽船。早期的蒸汽船发动机效率低下，需要很大的空间来装载煤炭，并不适合长距离航行。直到1866年"阿伽门农号"启航，才解决了这一难题。"阿伽门农号"是艘货船，燃料效率很高，从欧洲到东亚只需补充一次煤炭。

苏伊士运河和巴拿马运河

为了促进欧洲和东亚的贸易，在制造出高效率的蒸汽船之后，人们又有了一个划时代的构想，计划开挖一条连通地中海和红海的运河。苏伊士运河开通之后，欧洲到东亚的航程缩短到了约 9 000 千米。连接美国和亚洲航道的情况也是如此。因为从美国的东海岸到美国西海岸或亚洲，都需要绕过南美洲的最南端。为了节约航海时间和费用，美国在美洲大陆的中间地带修建了巴拿马运河。现在，这两条运河仍然是连通世界的重要航道。

通过苏伊士运河的货船

通信技术的革命性发展

通信技术同其他技术一样,在19世纪的工业化时代得以快速发展。在电子通信出现以前,传递信息的通信技术与运送人和物的运输技术密切相关。在交通工具出现之前,人直接走路或跑步传递信息,或是通过火炬、烟雾近距离传递简单信息。纸上书写的信件、书籍和其他物资可以通过马车、火车和船舶等交通工具进行传播。此后,随着使用标准信封和邮票的邮政系统传播到世界各地,人们安定下来。

早期通信技术的出现彻底改变了这种现象。1837年,美国的塞缪尔·莫尔斯发明了电报机。这种机器可以用一种时断时续的莫尔斯电码即时向对方传递文字信息。电速与光速相差无几,只要连接上电线,信息可以马上传递到地球上的任何一个地方。技术的发展一般都要经过一个循序渐进的过程,然后在某个时刻迎来革命性的发展阶段,但通信技术的发展速度非常惊人。

此后,发达国家致力于扩大有线通信网络。1902年,当时世界第二经济大国英国在遍布全球的领土上都安装了通信网络,各个领土上发生的事情很快就能传到本土。但早期的电报需要学习莫尔斯电码才能收发,并不是一种针对个人的通信技术。个人使用的通信技术要到很久之后才会出现。1876年,美国人贝尔发明了电话,在大约10年的时间里,有15万人安装使用,电话技术得以快速普及。1896年,朝鲜王室安装了第一部电话,此后历经日本占

马拉松战役

公元前490年,雅典城邦和波斯帝国在希腊的马拉松一带发生激战。当时雅典军队处于劣势,但依靠非凡的战术取得了胜利,雅典信使费里皮德斯一口气跑了40多千米到雅典传递这一捷报。后人为纪念马拉松战役和费里皮德斯的壮举,设立了马拉松这一运动项目。马拉松在雅典举办的第一届近代奥林匹克运动会上成为正式比赛项目。伊朗人是波斯人的后裔,伊朗禁止举办马拉松比赛,也从不选派选手参加。1974年,在伊朗举办的亚运会上,干脆没有马拉松这一项目。

信使费里皮德斯的石像

领时期和朝鲜战争时期，直到20世纪60年代，电话才走入普通人的家庭。

电话可以传递人的声音，只要能听会说，就可以方便使用。早期的电话还需要电话员连接用户，自动交换机出现之后，电话才真正进入大众的生活。人们迈入了一个可以随时联系，用语言交流信息的时代。

随着电报和电话等通信技术的开发和普及，人们可以迅速得知远处发生的事情。这不仅满足了人们的好奇心，而且方便了个人之间的交流。通信技术还和印刷术、运输工具结合，创造出了报纸。只要现场有一名记者，就可以把地球另一端发生的事情通过通信工具传递到报社。报社发行报纸，再把消息传播到全国各地。当时英国的普通民众也可以在第二天知道非洲南端或东南亚殖民地发生的事情。社会舆论可以在短时间内被创造和传播开来，掌握这一信息传播渠道的报纸媒体拥有了巨大威力。

随着电视和广播等媒体的出现，媒体的影响力更加广泛。广播信号通过发射塔发往四面八方，只要有一台电视机或收音机，任何人都可以马上接收到信息。电视和广播的特性是可以单方面向大众传达信息。因此，它们可以高效地传达组织好的信息。广播可以把信息瞬间传播出去，影响力巨大。

继电报、电话之后，又出现了电视、无线电话、互联网等新型通信技术，创造出人人都可以即时沟通的环境。这种环境也推动着社会不断发展变化。在一个信息快速交流的环境中，各种意识形态和思想得以迅速传播，人们开始追求建立共产主义、民主主义、无政府主义等20世纪以前从未有过的新型社会。这一变化会带领社会走向何方，是一个饶有趣味又很难预测的课题。一个人人都可以发声的时代将如何影响社会的发展方向，我们将拭目以待。

假新闻的威力

1980年4月1日，美国波士顿电视台播放了一则新闻，称蓝山的最高点大蓝山（Great Blue Hill）发生火山爆发，岩浆和火山灰埋没了附近的房屋。新闻中还有总统和州长的录音，声称事态严重，然而这是条编造的假新闻。虽然播音员在新闻结尾悄声道出这是一个愚人节谎言，但相关地区的政府已经接到了居民的咨询电话，一部分人甚至已经从家中逃离。最后，电视台公开致歉，新闻编导第二天便被解雇。在英美文化圈，愚人节可以说些没有恶意的谎言取乐，但像电视、广播、报纸这种一对多的信息传播媒体，"开玩笑"的结果很难预料。即便不是愚人节，有些媒体也会故意歪曲事实或发布虚假信息，这也在一定程度上反证了媒体的巨大威力。

工业城市的出现和世界的变化

城市是一个聚集了人和财富的复杂空间。一提到城市，脑海中马上会浮现出高楼林立、灯光璀璨的现代繁华街区景象。但城市这一概念远在古典时期的城邦时期就已出现，后来又出现了贸易城市和港口城市，城市的影响力越来越大。工业革命之后，出现了新的城市形态——工业城市。在此之前，城市主要是统治一个国家或地区的人力和机构的聚集之地，或是从事商业贸易的地方，但工业革命之后，西欧和美国兴起的工业城市，以众多工厂为中心建立起来，居民也主要是在工厂从事生产活动的工人阶级。

工业城市不是为了政治需要或获得商业贸易的优势而建造的，而是因为这里有开设和经营工厂的有利环境。工业城市引进了很多生产设施，聚集了大量人口，交通网络发达，和其他城市相互联系，不断发展壮大。

引入蒸汽机之后，纺织品产量急剧增加，价格下降，需求大幅增加。但纺织品的原料生产无法突然增加，棉花和羊毛的价格暴涨。英国因为气候原因无法种植棉花，所以土地的拥有者放弃了农作物生产，开始养羊以获取昂贵的羊毛。因此，农场雇用的农民纷纷失业，涌入城市，成为工厂的工人。

在机器代替人工的工厂里，机器工业不断发展，提高了生产力，创造了巨额利润，工业资本家（资产阶级）的社会经济地位逐步提高。而另一方面，以家庭为单位的劳动转变成工厂里大规模的集体劳动，工厂聚集的劳动者（无产阶级）形成了新的阶级。世界发生了变化。

在封建社会，农民的生活艰辛，但当时的劳动者更加

从事劳动的童工

在矿上工作的童工一般从 5 岁开始劳动,大部分人 25 岁之前就死了。19 世纪初出台的《工厂法》也只规定禁止雇用 8 岁以下的童工,一天的工作时间不能超过 12 小时

悲惨。随着城市里的劳动者越来越多,工资也越来越低,他们没有基本的人权保障,沦为城市贫民。他们被迫进行长时间的劳动,不到 10 岁的孩子也被赶去劳动,女人也必须从事重体力劳动,一天需要劳动 14~16 个小时,几乎没有休息时间,也没有足够的食物。在极其恶劣的工作环境中,个头小的孩子被迫在危险的机器之间、煤矿的狭小坑道里来回穿行,或清扫烟囱。

虽然雇主并不强制小孩和女人劳动,但当时生活在城市的劳动者只有全家老小一起劳动才能勉强维持生计。人们无法摆脱悲惨、肮脏的贫穷生活,只能依靠宗教来消除工业化引起的愤怒。浸礼宗在英国的复兴就得益于劝解劳动者要坚持信仰，遵守道德，积极生活。

不久之后，工人阶级的悲惨生活状态成为一个社会性问题。随着人权意识逐渐增强，社会抵抗愈加激烈，各国制定了禁止榨取妇女和儿童劳动力的政策。我们现在认为理所当然的那些权利也是经历这种痛苦的人努力争取到的。

人口变化和能源消费的激增

在工业化进程中，人口的分布和规模发生了显著变化。英国在工业革命之后，最先经历了工业化进程，我们可以通过英国的数据看出这一变化多么富有戏剧性。1750 年，工业革命尚未发生，当时英国人口约为 1 100 万，全国 80% 的人口生活在农村，主要从事农耕生产和羊毛生产。经济以国内市场为主。

但工业革命发生 100 多年之后，1900 年，英国人口达到了 4 200 万，居住在农村的人口只占总人口的 30%。150 年间，英国人口的规模和分布有了天翻地覆的变化，人口增长了 4 倍左右，大部分居住在城市。以工厂为中心的工业代替农业占据了经济活动的主导位置，人口自然而然地涌向了城市。随着粮食供给、医疗技术、公共卫生等

工业革命初期英国城市人口的变化

城市	1801 年	1841 年
曼彻斯特	35 000	353 000
利兹	53 000	153 000
伯明翰	23 000	183 000
谢菲尔德	46 000	111 000

短短 40 年间，工业城市的人口从数万增长至数十万，曼彻斯特的人口增长到 10 倍以上。如果城市建造没有规划，很难承受这种人口增长速度

社会基础设施在品质和数量上得到改善，死亡率从 1750 年的 28‰ 降到了 1900 年的 18‰。死亡率降低，人口急剧增加，从多生多死的时代走向了多生少死的时代。

其实，仅从出生率来看，农耕社会的出生率更高，但当时未成年人的死亡比例也高，成人的平均寿命也没有现在长。到工业化时代，人口出生率虽然比农耕社会低，但婴幼儿死亡率也有所降低，整体上人口还是增加了。这虽然得益于农耕技术的发展和医学技术的发达，但也得益于国家在工业化进程中努力改善卫生条件。早期的工业城市没有或没有足够的上下水设施，垃圾几乎得不到处理，工厂的废水和废气也得不到处理，卫生状况十分恶劣。19

18 世纪以来全球人口的变化

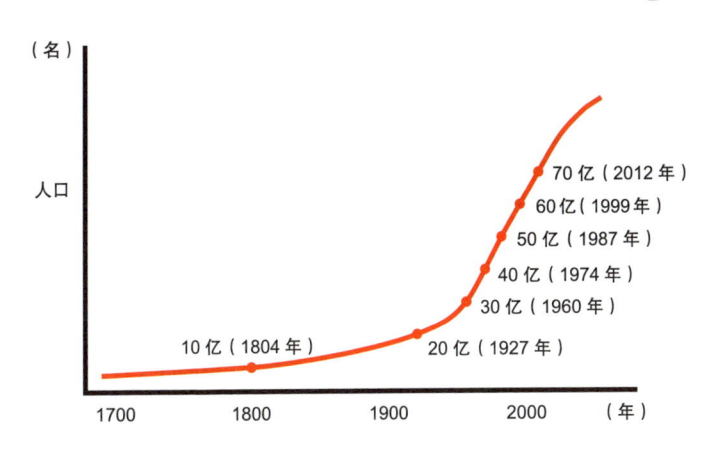

（名）

人口

- 10 亿（1804 年）
- 20 亿（1927 年）
- 30 亿（1960 年）
- 40 亿（1974 年）
- 50 亿（1987 年）
- 60 亿（1999 年）
- 70 亿（2012 年）

1700　1800　1900　2000　（年）

随着工业化进程深入，人口急剧增加，在 200 年间增加了近 7 倍

世纪初，曼彻斯特的死亡率是周边农村的 3 倍。城市贫民密集地生活在狭小空间里，很多人因在恶劣环境中引发的疾病和传染病而死亡。在卫生条件得到改善，粮食供给得到保障，医疗技术提高之后，人口才可能增加。

这种人口变化不仅发生在英国，在所有经历工业化进程的国家都出现了。韩国在 20 世纪 60 年代的工业化进程中也出现了类似现象，唯一不同的是英国历经 150 多年才出现的人口变化，韩国在 30 年间就出现了。

随着人口的持续流入，生产和消费的增加，工业城市继续扩张。在这一过程中，城市消费和所需能源持续增加。工业革命之前，人类从自然中获取的能量几乎都包含在环境的循环链里。人类的消费速度只要比树木生长的速度慢，伐木烧柴就不会有什么问题。但工业革命之后，各地新建的工厂都需要煤炭或石油等化石燃料。陆地上穿梭的火车和汽车、海洋里连接全世界的船舶都依赖化石燃料运转。不知不觉间，人类文明到了没有化石燃料便无法生存的地步，能源消费的剧变成为划分工业革命前后的最明确指标。

工业化之后，能源消费量逐步增加，其增加速度也越来越快。从19世纪到现在，人均能源消费量比工业革命前增长了约4倍，全球人口增长了约7倍，能源消费总量增长了约30倍。

世界的主导力量

人们看待世界历史的观点多种多样，但从政治和经济的角度来看，在工业革命前，以中国为中心的东亚和中东、印度、欧洲文明相互竞争，哪个文明都未能占据特别大的优势。但欧洲首先完成了工业化进程，占据了相对有利的位置。工业革命不仅改变了个人生活和社会结构，而

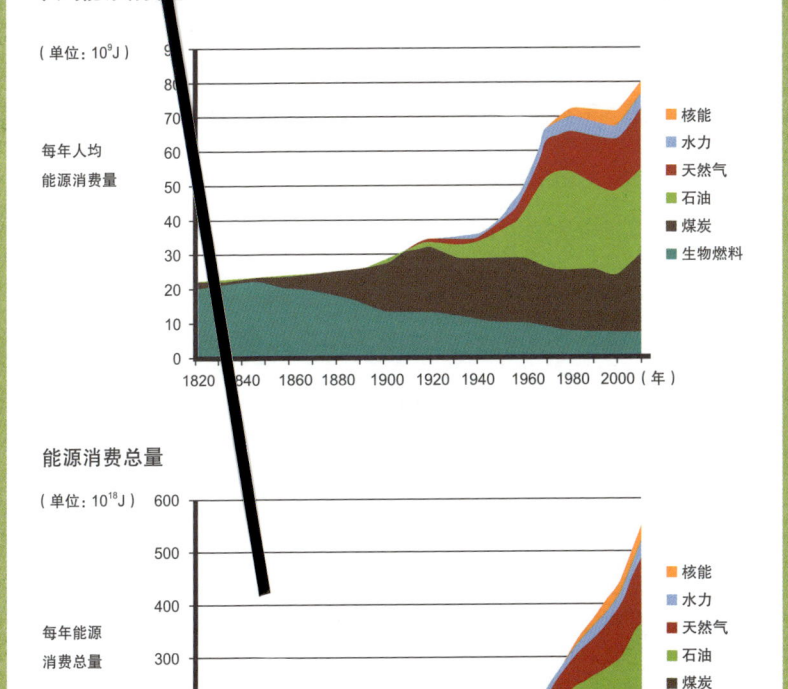

人均能源消费量和能源消费总量的变化

人均能源消费量

（单位：10^9J）

每年人均能源消费量

图例：核能、水力、天然气、石油、煤炭、生物燃料

能源消费总量

（单位：10^{18}J）

每年能源消费总量

图例：核能、水力、天然气、石油、煤炭、生物燃料

在200年间，全球人均能源消费量增长了约4倍，全球人口增长了约7倍，能源消费总量增长了约30倍。之前大部分能量来自生态系统，但工业革命之后，能量消费大部分依靠化石燃料

3 势不可当

且带来了世界局势的变化。

人类文明基本上依靠消耗资源支撑，人口增长势必需要更多的资源。如果想维持之前的生活水平，就需要更多的粮食、更多的燃料、更多的居住空间、更多的道路和更多的原料。走在工业化进程前列的几个国家试图从海外补充不足的资源和能源。

英国拥有先进的技术和军事实力，除了欧洲的几个国家和美国之外，英国的势力几乎可以碾压整个世界，在全球扩张中更是所向披靡。英国占领弱小国家，登上了帝国主义成功的巅峰。欧洲一些国家目睹了英国的成功，开始争先恐后地追随英国的步伐。很快，欧洲列强的帝国主义势力就遍布全球。

19世纪，列强之间竞争激烈，但通常不针锋相对，而是表现在对欧洲以外弱者的争夺上，在瓜分完世界之后，处于一种相互牵制的不安状态之中。随着不安状态的加剧，帝国主义列强之间终于发生了大冲突。20世纪初，整个世界卷入第一次世界大战的旋涡之中。

工业革命之后，人类文明迅速发展，世界上充斥着一种人类文明无所不能的盲目乐观氛围。在第一次世界大战中，文明利器造成了大量人员伤亡，这种幻想也在战争之后逐渐瓦解。欧洲数以万计的年轻人被爱国热情和浪漫情怀激励，自发参战，但战争却近似人间地狱。在第一次世界大战中,伤亡人数达4 000多万,战胜国和战败国的命运发生了两极分化。战胜国英国和法国面对国民的巨大牺牲,也进行了反省。在俄国,对帝国主义和资本主义的反感情绪促进共产主义思想传播,在列宁的领导下发生了苏维埃革命。奥斯曼帝国等战败国没落,德国陷入危亡之际,希特勒提出了国家社会主义旗号,极权主义高涨。而损失相对较少的美国以自由资本主义为基础,迅速壮大了势力。殖民地国家的人民开始抵抗英国的统治,开展了独立运动。第一次世界大战拉开了20世纪席卷世界的思想对立和冲突的大幕,也为第二次世界大战的爆发埋下了祸根,这个祸根就是帝国主义创造出来的怪物——纳粹德国。

近代后期始于19世纪的工业革命;现代始于第二次世界大战之后,帝国主义时代结束,苏联和美国开始冷战,即随着共产主义体制和美国的资本主义体制成为主导世界的两大势力,人类进入了现代。

在前文中,我们讲了工业革命和工业化带来的变化。如果没有发生工业革命,世界上的大部分人可能还生活在和200年前相差无几的社会环境中,保持自己的文化和文明。铁路、电力、汽车飞驰的公路,这些在任何一个没有经历工业化的国家都未曾见过。工业文明的产物不断改良性能,在很大程度上仍支配着我们的生活方式。

大象这种大型动物很难在短时间内快速奔跑，因为要想在短时间内驱动庞大的身体，需要消耗巨大的能量，而且加速到一定程度之后，也很难把速度降下来。这一现象不仅适用于物理运动，而且适用于经济活动等社会现象。汽车从发明到普及耗费了数十年时间，但扩张速度达到一定程度之后，就很难再降下来。文明的发展亦如此。大规模的工业革命发展速度越来越快，掀起了工业化巨浪，带来了无法逆转而又复杂多样的变化。以前的世界与新兴世界相互关联，积累了大量信息，到达了一个不可逆转的转折点。因此，我们把工业革命引发的工业化称为大历史上的第十个转折点。

拓展阅读

卢德运动

机器既可以帮助人类，又让人惧怕。工业化之后，机器普及，大规模生产成为可能。在当时最强的工业化国家英国，纺织工厂的众多工人突然面临失业的困境。内德·卢德带领工人破坏工厂的机器，这一事件被称为"卢德运动"。参与者秘密结成组织，接受破坏机器的训练。这一事件实际上无异于针对企业的有组织犯罪，最终在企业和政府的强烈镇压下，在几年后销声匿迹。卢德运动这一历史事件折射出劳动者害怕因新技术而失业的恐惧心理，这种恐惧在现代社会依旧存在。

新技术出现时总会引发矛盾，现代社会的技术发展速度远远快于大部分人追赶的步伐。新技术会改变职场的环境和组织结构，减少员工数量。现今网上银行十分方便，从银行的立场上看，雇用少量员工就可以办理业务，从而减少了柜台员工的数量。家庭影院技术让很多人无须去电影院也可以欣赏电影。从电影

自助结算系统

超市普及商品自助结算系统之后,可以大大缩减超市员工的数量

制作者的立场上看,这一技术可以让更多人欣赏到自己制作的电影,但电影院的职员有可能会因此失业。

21世纪,随着生产技术和信息技术的发展,更多的劳动者担心失业,展开了新卢德运动。只要技术不断发展,这种矛盾就会持续出现,只是形式不同而已。人类如果想与技术共存,就需要努力化解新技术可能带来的社会矛盾。

拓展阅读

战争创造出来的能源技术

1939年，第二次世界大战正在激战之时，美国等盟国成员担心纳粹德国率先开发出核武器。爱因斯坦为了躲避纳粹迫害，从德国逃到美国。他把一封陈述原子弹开发可行性的信件寄给了美国总统，从此揭开了大举开发原子弹计划的大幕。这一项目参与人员超过10万人，奥本海默、玻尔、费米、费曼等当时世界顶尖的核物理专家都参与其中。研制出的原子弹被投放到日本的广岛和长崎，巨大的威力使这两座城市化为焦土。至此，第二次世界大战终于结束。

参与核能研究的许多学者主张和平利用核能，但一开始便运用于和平目的的技术并不存在。理论物理学家用纸和铅笔推算出肉眼看不到的原子世界，最终通过努力掌握了核能技术。其实，科学家先推算原

广岛被投掷原子弹

被投掷原子弹的广岛市区

理,再利用工程技术发明的技术并不少见,但核能开发的特别之处在于聚集了一大批相关领域里数一数二的专家,在国家层面组织力量,投入了巨额预算。可惜他们研究的是核弹,但从另一方面来看,拥有核武器之后,如果爆发大规模战争,可能会招致人类的灭亡,因此人类也许得以从大型战争中解脱出来。

拓展阅读

智能社会

20世纪后期，有线通信和广播在全世界确立了稳固的地位，信息得以迅速传播。此外，还铺设了连接世界各国的海底电缆及光缆，通过人造卫星可以和地球另一端进行电波交流，声音、影像和文字因此能够以光速进行传播。

手机的出现再次革命性地改变了先前的信息传达体系。有线电话必须连接电线，无法携带，不能归特定的个人所有。而无线电话可以随时携带，一经出现就更接近于个人物品，而非公共用品。现在，人们已经拥有了自己的移动通信工具。只要拥有手机，人们就可以随时随地自由交流信息，无须再为与他人交换信息而特意去安有电话的场所。这不仅改变了个人的生活方式，而且给社会带来了巨大变化。

与此同时，在有线通信网的基础上，出现了可以连接所有电脑的互联网。互联网和只能传递声音的电话不同，它可以传递文字、图片、视频等多种形式的

智能机器

2015 年，全球智能手机销量大约为 13 亿部。智能手机拥有手机和电脑的功能，手机用户还可以安装或制作自己喜欢的程序。除智能手机外，还出现了可以用手指或触屏笔操作的平板电脑等

信息。在连接互联网后，电脑可以交换文字、图片、视频等各种信息。

　　最终，智能手机出现了，它整合了人类制造的所有信息传达工具的功能。智能手机是电脑和无线电话的结合体，连接上无线网络之后，任何人都可以随时随地搜索信息，并通过社交网络把信息传给大量不特定的用户。信息传递在人类文明史中起了重要的作用。如果说全球网络的形成意味着建立了一个连接全世界的运输网络，那么智能手机连接上互联网便意味着建立了一个沟通全世界所有个人的信息传递网络。

4 能源界的全能选手

电力时代

照亮夜晚的电灯、电脑、电视机、智能手机、冰箱、洗衣机和汽车等,这些我们常见的机器都依靠电力运转。在日常生活中,建筑里的电梯、高铁和地铁也需要依靠电力运行。公路上指挥车辆顺利通行的信号灯也依赖于电力,指示飞机起降的管制系统也由复杂的电气系统构成,通信网络也依靠电力维持。一打开水龙头便能出水的自来水也是借助电力被输送到千家万户。在城市中,燃气借助压力维持装置从燃气库输送到千家万户,这一装置也需要借助电力运行。如果再往远处看,环绕地球的人造卫星也需要通过电力运转,连脱离了太阳系的宇宙探测器"旅行者号"也使用电力驱动。

由此可见,现代文明几乎大部分依赖于电力。那么,电力从什么时候开始在整个人类文明中站稳了脚跟呢？19世纪末，随着机械化工厂开始使用电力能源，电力逐渐成为维持人类文明、改变世界的能源。从此以后，人类可以进行远程通信，还出现了收音机、电视机、冰箱等家电产品。人们再也不需要到处买煤炭和石油来照明或发动机器了，能源使用技术改变了世界。

竞争激烈的电气时代

大爆炸后，宇宙诞生，产生了带有电荷的物质。电是正电荷和负电荷移动时产生的一种自然现象。在云层和地表之间发生的闪电也是电的移动现象，我们身体的神经系统也是依靠电信号的传递而得以运转的。但是，在相当长的时间内，人类把电当成魔法。直到18世纪，利用电表演的魔术还很有人气。

富兰克林通过研究，把电从艺术领域带到科学领域。他认为电是一种现象，并通过各种实验观察电的特性。他发现闪电也是一种电的现象，并由此发明了避雷针。随后，伏特制造了可以产生并储存电力的电池，法拉第利用磁铁发现了电磁感应现象，使电力的大量生产成为可能。

法拉第制造出了变压器、发电机、马达，奠定了电力时代的基础，但他并没有把这些技术用于商用。19世纪

4　能源界的全能选手

爱迪生螺口

爱迪生制造并销售的电灯（左）和现在的 LED（发光二极管）灯（右）。虽然两者的发光材质和发光方法不同，但灯泡的螺口仍然使用爱迪生所确立的规格

末，在爱迪生的主导下，电力才开始在美国普及。虽然众所周知，爱迪生发明了电灯，但其实他是一位企业家。他不仅最先发明了电灯，延长了灯泡的使用寿命，而且建立并普及了发电、输电等各种基础设施。1882 年，爱迪生启动了美国第一个电力发电厂。直流电开始沿着埋在地下的电线流动，宣告了电力时代的到来。正如纽科门发明了蒸汽机，瓦特提高了蒸汽机的效率并进行商业化改良，点燃了工业革命的火种，法拉第奠定了电力时代的基础，而

爱迪生普及了电力的应用,开启了电气时代。

但是,我们现在使用的电气系统并不是爱迪生制造的直流电,而是交流电。虽然爱迪生成功地使电气系统商业化,但围绕发电和输电方式展开激烈的竞争之后,特斯拉和威斯汀豪斯建立的交流系统成为标准。

虽然直流系统败给了交流系统,但在生活中仍能轻易找到爱迪生的痕迹。美国家庭的电压是120伏,由爱迪生

尼古拉·特斯拉

特斯拉出生于塞尔维亚,1889年加入美国籍,曾就读于格拉茨技术学校和布拉格大学。他成功设计出第一台感应电机模型。特斯拉曾在爱迪生的公司工作,认识到直流系统的局限性之后,辞掉工作,开始和威斯汀豪斯一起构建交流系统。当时采用的直流发电系统距离发电站越远,输电的损耗越大,每个小区都需要建设发电站。相反,交流系统在安装了变压器之后,远距离传输也不会损失电力,但在高电压传输过程的安全性方面存在争议。最终,特斯拉与威斯汀豪斯一起发明出采用感应电机的变压器,证明了交流电的安全性,从而在电气竞争中取得了胜利。此后,他有了特斯拉线圈等众多发明专利,是伟大的发明家。

最初使用的 100 伏电压发展而来。家中常见的螺口灯泡上有 E26 和 E14 两种规格标识，它们也来自爱迪生螺口的发明者爱迪生名字的首字母。尽管灯泡有了很大变化，但无论以前还是现在，灯泡螺口仍采用爱迪生的规格。爱迪生打开了电气世界的大门，把自己的名字留在了灯泡的"规格"上。

电力驱动的世界

现在，让我们来感受一下现代文明对电力的依赖程度，最好的办法是去除我们环境中的电力。虽然不可能人为地去除电力，但偶尔会发生突然断电的事故，所有电力供应中断的情况被称为停电。

如果停电，晚上就打不开电灯，建筑物的电梯、道路的信号灯、电话和网络等所有通信网络都会停止运行，广播也会被迫中断。此外，冷暖气、自来水、天然气等供给都会中断。医院里无法使用电子医疗器械，因此大部分治疗和手术都将无法进行。飞机虽然没有电也可以起飞，但若管控室停止运行，就无法起飞和着陆。信用卡结算需要利用通信网络，自动取款机无法工作，银行因计算机功能瘫痪，不得不中断业务。工厂等所有工业设施也将停止运行。如果没有电，军队也会丧失战斗力。

纽约大停电

纽约是美国最大的城市,世界经济中心。发生在纽约的一场大停电赤裸裸地展现出人类文明对电力的依赖程度。1977年7月13日,联合爱迪生电气公司因变压器起火停止运转,纽约全境停电25个小时。晚上发生了数千起抢劫、纵火、强奸案,约有5 000人被捕。2003年8月14日,包括纽约在内的美国东部地区又发生了一次停电事故。值得庆幸的是,由于在"9·11"恐怖袭击事件之后,治安管理得到加强,没有出现特别大的混乱,但仍造成了60亿美元以上的经济损失。

2003年8月14日下午,纽约发生了停电事故。高楼大厦停电之后一片漆黑,整座城市陷入瘫痪状态

一言以蔽之，只要停电，人类现在享受的各种文明就将成为没有功能的空壳。

电是一种用途多样的方便能源，这也是人类依靠电力创造文明的原因，很快一般家庭只用电这一种能源就足够了。有些厨房设施还使用天然气，供暖设施使用天然气或石油，但用电代替天然气和石油的技术已经出现了。

虽然现在电动汽车所占的比重不大，但越来越多的人会使用电动汽车。最近备受瞩目的无人机也是由电力驱动的。无人机也可以装载燃烧燃料的发动机，但在噪声、便利性、重量和效率上，使用蓄电池更有优势。电力使用方便灵活，人类会越来越依赖电力。

电力不仅使用方便，其日益增多的发电方式也是电力得以迅速普及的原因之一。例如，以前取暖、烹饪、照明都使用化石燃料，现在一般都用电力代替。城市的规划也适合使用电力。随着轨道的电气化，交通网络对电力的依赖度大幅提高。另外，各种电器被开发出来，大大增加了用电量。因此，有必要持续增加电力供应。

使用化石燃料的火力发电存在燃料保障难、发电效率低、环境污染严重等诸多难题。尤其在煤炭或石油供给不足的地方，这种方式并没有什么吸引力。人们在努力克服原料运输及供应的过程中发现火力发电有局限性，开始关注核能发电。此外，人们也越来越关注多种可再

各种发电方法

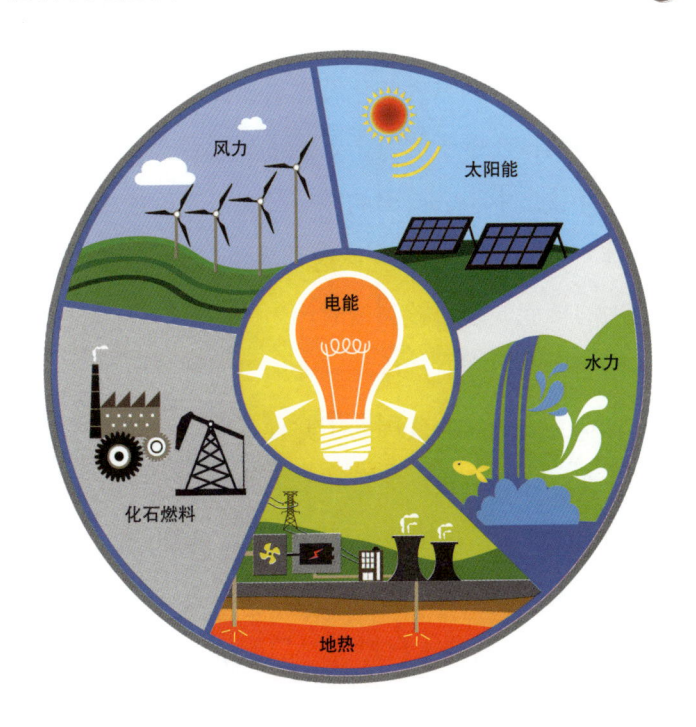

最常见的发电方法是转动发电机发电，只要能让发电机转动，使用什么方法都可以。把水烧热产生蒸汽，可以转动发电机，水力或风力也可以转动发电机

生能源。但至今尚未出现一种可以有效替代化石燃料发电的能源，不过，现在一部分电力供应已经开始采用核能发电。

4 能源界的全能选手　　97

高效能源——核能

核能释放能量的方式与化石燃料燃烧释放热量的方式完全不同。铀核在中子的轰击下发生核裂变,释放出巨大的能量,并放出中子,放出的中子又轰击其他铀核,像多米诺骨牌一样引起连锁反应,这种现象叫作链式核裂变。我们使用的核能便来自核裂变时产生的能量。

核聚变和核裂变时产生的巨大能量,都是由质量转化为能量时发生的现象。爱因斯坦验证了质量和能量之间可以互相转换,$E=mc^2$ 就是能量和质量的转换公式。

大约 1 克的质量可以转换成 900 亿焦耳的能量。1.8 克铀在核裂变时释放的能量和 4 700 升左右石油燃烧时的能量差不多,接近 50 吨木材燃烧时的能量。因此,利用极少量的铀就能获得巨大的能量(热量)。核能发电就是利用核裂变时释放的热能转动发电机的涡轮进行发电。

核能发电燃料体积小、重量轻,运输方便,发电成本低,在煤炭、石油、天然气等化石燃料资源不足的国家非常具有吸引力。因此,核能发电在韩国、法国、日本等几个国家的电力生产中占据了重要地位。

但是,天下没有免费的午餐。核能发电产生的核废弃物会释放出对人体有害的辐射,因此处理核废弃物需要投

核裂变

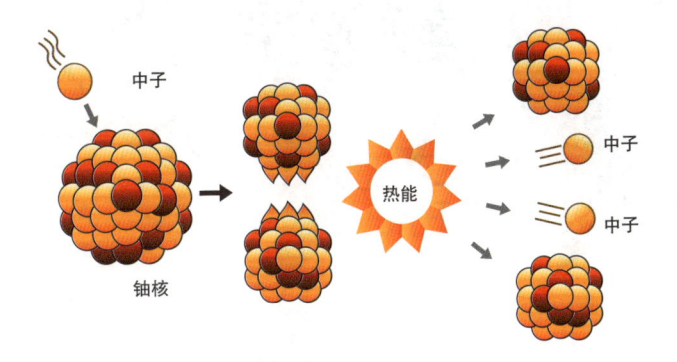

铀核在中子的轰击下一分为二，释放能量，放出 2~3 个中子

入大量费用。

核能发电的另一个问题是安全性很难保证，一旦发生事故，就会造成巨大损失，又没有很好的应对措施。1986年发生在切尔诺贝利核电站的泄漏事故是历史上损失最大、后果最严重的核电站泄漏事故，爆炸规模大，伤亡人数多，周边的欧洲国家也受到了很大冲击。受这次事故的影响，西欧舆论开始反对核能发电。

2011年因地震和海啸而导致的日本福岛核电站泄漏和爆炸事故造成的社会影响最大。当时全球直播了整个事故现场，人们看到这一场面之后都陷入了恐慌。在冲击尚

铀
1.8 克
=
石油
4 700 升
=
木材
500 吨

未平息的情况下，日本政府彻底封锁了相关消息，让人更加疑惑。人们担心整个日本都被核辐射污染了，所以不去日本旅行，也不愿购买日本的产品，尤其是农产品。福岛核电站事故以后，人们纷纷呼吁减少核能发电设施，德国也决定分阶段关闭核电站。

核聚变

多个原子核融合在一起的过程被称为核聚变，原子核融合后的质量比融合前有所减少，减少的质量转化成能量。两个氢原子结合成一个氦原子，合成的氦原子质量比两个氢原子轻，剩余的质量转化为能量，并使其他氢原子发生核聚变（原子核相互排斥，如果两个原子核想结合在一起，需要巨大的能量），这就是氢弹的制造原理。太阳由氢气构成，在氢气结合成氦气时，发出光和热。

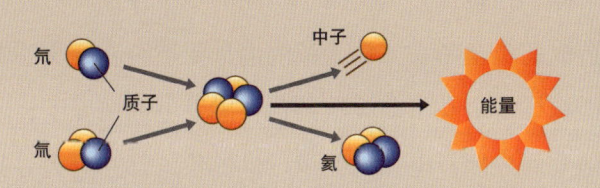

核聚变是指两个原子融合在一起时，损失的质量转换成能量的现象。但两个原子核若想融合在一起，需要消耗巨大的能量，其产生的能量也很难控制

福岛核电站爆炸

全球直播的福岛核电站爆炸场面

　　核能一度被认为是继化石燃料之后可以满足人类需求的能量来源。但现在，人类出于核能的安全性及其对社会和环境造成的负担考虑，认为核能迟早要被废弃。文明需要依靠能源维持，在目前无法替代核能发电的情况下，不能盲目地全面中断核电站的建设。世界各国都在努力寻找替代核能发电的技术或解决核能发电问题的方法。利用核聚变技术的核能发电和利用氢气的燃料电池发电技术不会对环境造成污染，虽尚未投入使用，但有可能成为人类获取大量能源的方式。

新能源和可再生能源

一年365天不停运转的冰箱周边不会因为用电就变得危险，电动汽车行驶时也不会排放污染物质。那么，电是一种清洁的能源吗？电力虽然不会直接排放污染物质，但增加用电量会对环境造成不小的影响，这是由发电方式决定的。

我们使用的电力是用煤、石油和核能生产的。火力发电站燃烧煤炭，排出废气和污染物质。核电站虽然只排放水蒸气，不排放污染物，但发电过程中产生的放射性废弃物需要另行保管，也需要小心避免发生事故。总之，各种发电方法和过程都会或多或少地排放污染物质。如果发电不会产生污染物质，那么电本身就是一种绿色能源。

近年来，世界各国正在加紧研发可以减少污染排放的能源。新能源和传统可再生能源是指以前不存在的，又可以用于发电的可持续能源。韩国把燃料电池、煤炭液化和气化、氢能归为新能源，把太阳热能、太阳光能、生物能源、风能、小水电、地热、海洋能源、废弃物能源归为可再生能源，把这些能源统称为新能源和传统可再生能源。

新能源和传统可再生能源各有优缺点。燃料电池利用化学反应发电，效率高，几乎没有污染物排放，但需要较

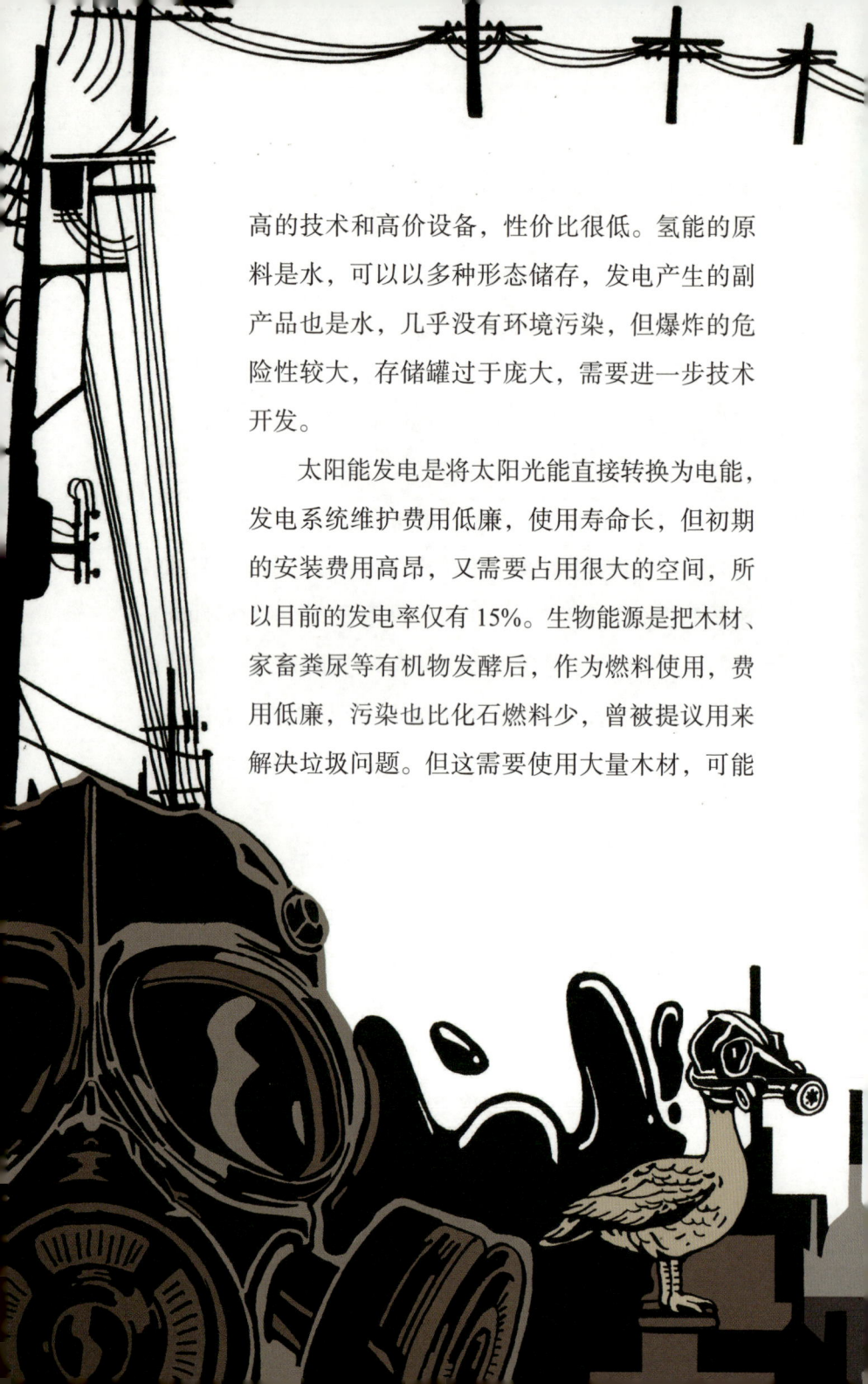

高的技术和高价设备，性价比很低。氢能的原料是水，可以以多种形态储存，发电产生的副产品也是水，几乎没有环境污染，但爆炸的危险性较大，存储罐过于庞大，需要进一步技术开发。

　　太阳能发电是将太阳光能直接转换为电能，发电系统维护费用低廉，使用寿命长，但初期的安装费用高昂，又需要占用很大的空间，所以目前的发电率仅有15%。生物能源是把木材、家畜粪尿等有机物发酵后，作为燃料使用，费用低廉，污染也比化石燃料少，曾被提议用来解决垃圾问题。但这需要使用大量木材，可能

会破坏森林，大规模生产也需要占用大量土地。

此外，还可以利用火山喷发产生的地热发电。在冰岛这种火山和温泉较多的地方，这是一种非常合理的方法，但需要环境条件适宜，限制性较大。美国西南部和西班牙等地晴天多，光照强，太阳能发电的利用率较高。但有些国家一年中大多数时间夜晚长，阳光弱，还经常下雨，太阳能发电的效率低，与沙漠这种光照量丰富的地方相比，花费相同的资金获得的发电量太少。

尽管全世界都在努力开发新能源等可再生能源，但现今人类消费的大部分能源仍来源于化石燃料。如前所述，

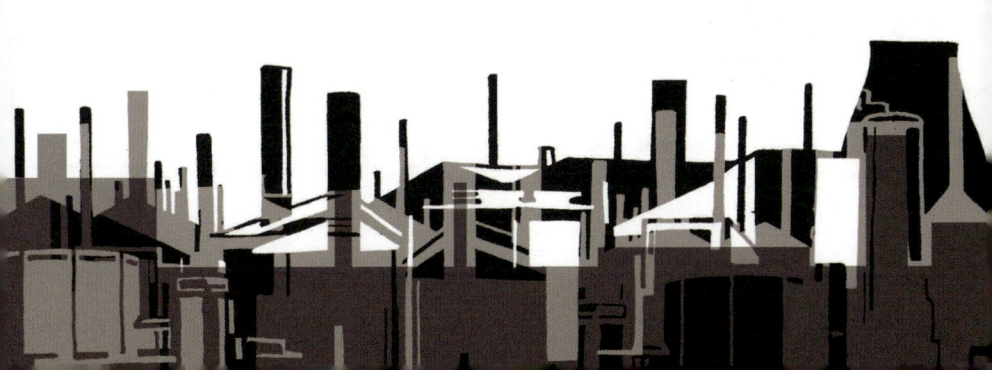

新能源和传统可再生能源的优缺点
（韩国能源技术研究院）

分类		优点	缺点
传统可再生能源	太阳热能	无公害 无限量 免费	密度低、间歇性 不经济 能量的数量和质量不成正比
	太阳光能	安装简单 安装后维护费用低 没有噪声和震动 寿命长达20年以上	太阳能电池的效率低 需要的空间大 早期安装费用高
	生物能源	有利于防止全球变暖	会破坏森林资源 工程复杂
	风力	能量无限 清洁能源 安装简单、费用低廉 占地面积小	风力不稳 充电设施费用高
	小水电	发电成本低廉 无公害	造成浸水 地域分布不均
	地热	发电成本低廉 清洁	地热资源分布不均
	海洋能源	潮汐发电 - 清洁 - 数量无限 - 能量供给稳定 波浪能发电 - 清洁 - 数量无限 - 无场所限制 海洋温差发电 - 清洁 - 数量无限 - 可以小规模发电	潮汐发电 - 造成浸水 - 影响海岸生态系统 - 设施规模大 波浪能发电 - 设备昂贵、发电量低 - 距离消费者较远 海洋温差发电 - 距离消费者较远 - 能源密度低 - 设备昂贵
	废弃物能源	原料为垃圾、价格低廉 可以减少垃圾	需要较高的技术和研究开发 在废弃物转化成能源的过程中有可能造成其他环境污染
新能源	燃料电池	低公害、高效率	发电站建设费用高 寿命短、稳定性差
	煤炭液化和气化	价格低廉	煤炭造成的公害污染
	氢能	污染物质极少 使用简便 可以以多种形态储藏 原料是水 副产品也是水	有爆炸的危险

煤炭、石油、天然气占全世界能源生产量的90%（2012年数据）。除了汽车之类的内燃机和工业用能源消耗外，用来生产电力的能源使用情况也与此大同小异。全世界42%的电力依靠煤炭发电，如果算上天然气和石油，这一比例可以达到70%。因安全性问题而引发争议的核能发电比例也达14%，而利用太阳热能、风能、生物能源等新能源和传统可再生能源的发电比例仅为3%。

新能源和传统可再生能源比化石燃料和核能对环境造成的污染少，但为何所占的比例如此之低呢？有可能是因为技术不足，或是不够普及，但根本原因在于利用新能源和传统可再生能源发电的价格比利用煤炭和核能发电的价格高很多。

我们无法知道现在使用的电是用什么生产的，也分辨不出是燃煤发电、核电站发电，还是水电站发电，也不会进行单独管理。从消费者的立场看，电就是电，新能源和传统可再生能源发的电贵，几乎没有人愿意使用。当然，谁都想用更清洁、更安全的方式发的电，但只有其价格和使用煤炭或天然气发电的价格一样或更低时才有意义。很难期待人们会单凭发电方式干净、环保，就会支付更加昂贵的电费。

利用新能源和传统可再生能源发电的原理不再是什么秘密，也不是什么尖端科技。如果想让新能源和传统可再生能源的运用比化石燃料普及，确保价格上的竞争力才是当务之急。

被技术左右的时代

人类今后很长一段时间内仍会依靠化石燃料和核能获取能量。虽然环境问题日益严重，但在商用化技术成熟和基础设施建设好之前，新能源和传统可再生能源很难进入普通家庭。

纵观人类历史，人们对新能源的态度相当开放。在把木材用作燃料的时代，煤炭是一种可以燃烧的新能源，烧煤的装置短时间内就遍地生花。石油和天然气也是如此。大部分家庭都曾用煤炭做成的煤球取暖，但家用石油锅炉一经开发，就开始迅速普及。随后，燃气锅炉得到普及，并迅速取代了石油锅炉。人们并不是喜欢新技术，而是喜欢新设备带来的低成本和便利，经济利益最能够打动人心。

经济效益高对一般家庭来说很重要，也是推动世界发展的动力。技术可以左右经济效益。前面我们提到过化石燃料的储量问题，利用新技术可以勘探出新油田，如果石油价格上涨，此前没有经济效益的油田也会产生价值。

迄今为止，石油勘探是寻找地下石油湖的过程，但最近出现了一种全新的石油或天然气开采技术。页岩是一种由淤泥堆积凝固而成的黑色松软岩石，里面的有机物没有完全腐烂，碳化后呈黑色，这些含有大量碳水化合物的有机物在页岩层变成石油或天然气。人们通常把含有石油的页岩称为"油页岩"，从中提取的石油和天然气被称作"页岩油"或"页岩气"。

人们开发出一种技术，可以从深埋于地下的页岩中提取石油和天然气，并将该技术称为"水力压裂法"或"压裂法"。水力压裂法是将沙子、水和化学品的混合物以强大的压力喷射到地下的页岩层中，从而使页岩中的石油或天然气喷出。美国和加拿大采用这一技术提炼石油后，全球的石油供给增加，石油价格也随之下降。但是，在水力压裂的过程中，注入的混合物会对地下水造成严重污染，还会侵蚀地面，从而引发地震。在西欧，越来越多的地方禁止使用这种方法开采页岩气。

如果研发出新的开采技术，石油价格就会下降。有了全新的勘探技术之后，可以增加石油的开采量。这对那些担心化石燃料枯竭的人来说，也许是个好消息，但如果考虑到使用化石燃料造成的环境问题，情况就不太乐观了。石油供应量一旦增加，石油价格就会降低，就会减少开发替代能源的必要性。因为石油价格低，所以使用量会增

页岩层中的石油开采方法

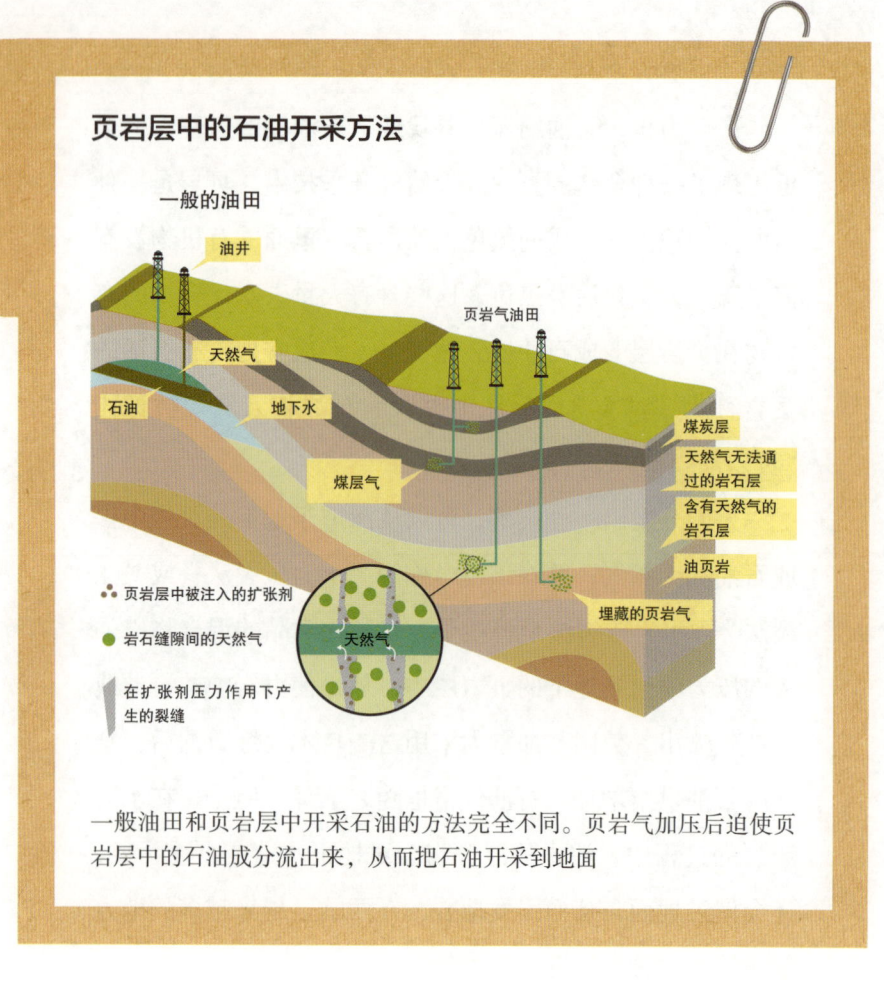

一般的油田
油井
天然气
石油
地下水
煤层气
页岩气油田
煤炭层
天然气无法通过的岩石层
含有天然气的岩石层
油页岩
埋藏的页岩气

- 页岩层中被注入的扩张剂
- 岩石缝隙间的天然气
- 在扩张剂压力作用下产生的裂缝

天然气

一般油田和页岩层中开采石油的方法完全不同。页岩气加压后迫使页岩层中的石油成分流出来,从而把石油开采到地面

加,二氧化碳排放量就随之增加,由此产生的大气污染、全球变暖等气候变化问题也将越来越难以解决。

与此相反,即使使用石油,能源效率高的技术一旦普及,石油需求也会减少,这必然会减少新油田的开发,也不会有人担心储量减少。化石燃料的需求减少后,供应也会减少，价格随之上涨。价格上涨后，人们会努力寻找更廉价的替代能源。人类对新能源和传统可再生能源的需求取决于现有化石燃料的价格如何变化。如果太阳能或风力发电的费用比燃煤发电贵两三倍，即使有利于环境保护，也很少有人会承担这种高额费用。

减少化石燃料使用的技术正在不断研发之中，人们不仅关注新能源的开发，而且致力于提高能源效率。如果消耗更少的燃料就能生产出相同的能量，就相当于创造出了新的能源。1973年，韩国将家用电压从100伏提高到220伏，就是为了减少电力在输送到用户家途中以热能形式造成的能量损耗。为了提高能源效率，韩国从2014年开始禁止生产和进口白炽灯。开发减少能源消耗的方法非常重要，因为开发新能源和减少能源消耗都可以减少费用。而提高能源效率的技术主要受政府的政策影响。家电产品和汽车等也有需要遵守的能源效率标准。在日常生活中使用能效高的产品不仅符合个人利益，而且可以促进相关产业的技术开发。

电力是一种使用方便的能源形态，但也存在很多问题。使用方便意味着人人都可以方便使用。如果电力广泛普及，人类消耗的能源数量将大幅增加。人类所使用的能量之多是其他物种无法相提并论的。一些研究结果显示，在利用光合作用进入生物圈的能量中，25%~50%是人类

4 能源界的全能选手

使用的。无论何时何地，人类文明都会加快自然元素的循环速度。

工业文明把埋在地下的碳排放到了大气中，制造出接近 10 万种新的化学物质。现在只要下定决心，世界上任何一个国家都可以开垦森林，改变河流的流向（如果不考虑以后）。人类是可以改变自然生态系统的唯一物种，这也是为何在使用人类世这一傲慢的名称时，人类需要承担责任。

拓展阅读

生物燃料的优缺点

在韩国，汽油、柴油、液化天然气被用作汽车燃料，而在巴西，汽车的主要燃料是甘蔗发酵而成的生物乙醇。甘蔗、玉米等含有淀粉的谷物发酵而成的燃料叫作生物乙醇，而这种从动植物中获取的燃料被统称为生物燃料。用植物制造的生物乙醇与化石燃料不同，它排放的二氧化碳数量是植物生长过程中吸收的数量，因而不会增加大气中的二氧化碳含量（这不是生物乙醇的特性，树木或稻草燃烧时也一样）。

但是，我们需要重新思考一下生物乙醇是否属于绿色能源。生产甘蔗需要广阔的耕地，大规模种植农作物也需要消耗大量能量。播种、浇水、施肥、收割都需要动用大量农业机械和运输设备，这些设备大部分都使用化石燃料。也就是说，生产1升生物乙醇几乎需要消耗1升汽油。大量播撒的化肥和杀虫剂也会渗透到土壤中，污染河流。此外，大规模种植所需的

农业通胀

由农业（agriculture）和通货膨胀（inflation）组成的合成词，指农作物价格上涨，导致畜产、食品等普通物价同步上涨的现象。

水量也非常可观，如果遭受旱灾，玉米价格必会受到影响。2012年，美国遭遇旱灾，导致玉米减产，价格暴涨，使全球陷入了农业通胀的恐慌之中。

生物乙醇的消费增加对玉米价格的上涨起到了推波助澜的作用。生物燃料的消费量逐渐增加，2007年，全世界玉米产量的25%用于乙醇生产。美国是世界上最大的玉米生产国，产量占全球玉米产量的45%。2006年，乙醇燃料汽车开始普及，到2012年，美国生产的玉米40%用于生产生物乙醇。（在美国生产的玉米中，有13%用作饲料，11%用作粮食。）尽管大规模农场增多，增加了玉米产量，但消费量增幅更大，导致玉米价格大幅上涨。用于生产生物乙醇的谷物价格上涨，影响波及全世界，而把玉米当作饲料和粮食的人无法承受粮食价

农耕污染和工业设施污染

地表水
河流
污染发生地点
土壤
排水
污染发生地点的渗透
地下水

农耕污染

排放二氧化硫
含有硫酸的云层
酸雨造成海洋生态系统的污染

工业设施污染

虽然农耕和工业设施都会造成环境污染，但污染物质的种类和流入生态系统的途径却不尽相同。现代农耕大量使用化肥和农药，这些物质不会完全被农作物吸收，而是渗入土壤，通过河流、地下水进入地球的水循环系统，进而扩散到整个生态环境之中。相反，工厂产生的污染物质被释放到大气中之后，进入空气和水循环系统。直接排放到大气中的污染物质会更加快速地影响大片区域。此外，农耕和工业设施中没有经过适当处理排出的废水会直接污染河流或海洋格的上涨，这引发了诸多社会问题。

　　人类很久以前就开始食用农作物，已经适应了农耕对环境和社会的影响。但把农作物当作燃料，而不是用来食用，引发了无法预测的经济问题。乍一看，以玉米为原料的生物乙醇似乎对环境无害。但生产100升（一辆普通大型轿车的燃料箱容量）生物乙醇需要大约200千克玉米，相当于一个人一年的粮食消耗量，因此很难抹去生物乙醇是把粮食当燃料的印象。

　　因此，人们开发出了利用植物根茎等不可食用部分和海藻生产纤维素乙醇的技术，但这些方法经济效益不高，而且仍需要大规模种植。迄今为止，既不危害生态系统，又能获得大量能源的解决之道还遥不可及。

拓展阅读

第四次工业革命——人工智能时代

19世纪，英国的工业革命引领了工业化进程。直到21世纪，工业化仍在继续发展。工业革命是以技术革新为中心改变工业结构的过程，目前已经发生以蒸汽机为代表的第一次工业革命，20世纪初由石油和内燃机引发的第二次工业革命，以信息化技术为代表的第三次工业革命，未来还将发生以人工智能为中心的第四次工业革命。

第一次工业革命以欧洲为中心，蒸汽机的出现使煤炭代替木材成为核心能源，完成了从手工业到工厂生产的转变。第二次工业革命时，煤炭被石油取代，蒸汽机变成了内燃机，印刷术的地位被电视、电话等使用电力的通信媒介取代，从而引发了机械工业的大量生产和文化的大众化。第三次工业革命可以让每个人使用便携式通信机器，通过互联网和社交网络自由传递信息。除了化石燃料和核能等特定能源之外，地

《2001：太空漫游》

这部科幻电影由斯坦利·库布里克执导，1968年上映。它讲述了在太空航行的宇宙船"发现者号"因为计算机哈尔的反抗而陷入危机的故事。这部电影是在人类首次登陆月球之前制作完成的，在专家的指导下，描述了宇宙的探索工作

热、太阳能、风能等多种能源都转化成电能。

那么，第四次工业革命的核心是什么呢？许多学者认为，人工智能将成为第四次工业革命的主角。人工智能并不是一个新概念。在科幻小说和电影中，人工智能可以自我思考，既可以帮助人类，又会与人类对抗。根据亚瑟·克拉克的小说改编的电影《2001：太空漫游》中出现了一个具有多种能力的计算机哈

尔。哈尔的程序被设计为无法隐藏信息，于是在接收到保密命令后，逐渐变得疯狂，开始攻击人类（发疯暗示哈尔存在自我意识）。

　　如今，计算机的发展水平已经比拍摄这部电影的时候提高了很多，但到目前为止，还没有制作出电影里出现的那种人工智能。虽然人们可以在网上书店或购物网站挑选喜欢的书或商品，但这些都是在一定规则内运行的程序。扫地机器人之所以可以独自打扫卫生，也是因为安装了相应的程序。

　　尽管"深蓝"战胜了国际象棋世界冠军卡斯帕罗夫，"阿尔法围棋"（又称"阿尔法狗"）打败了围棋职业九段棋手李世石，但我们没必要担心如何才能在与人工智能的战争中生存下去。随着计算机技术的发展，计算机虽然具备了一定的学习能力，但其结构还不适合拥有"智能"。人类的大脑一次并不只做一件事情，而是可以并行处理多项工作，现在的计算机构造很难像人类的大脑一样工作。

　　但是，今后人工智能技术会不断发展。现在的计算机可以识别影像，在大量数据中找出人类发现不了的信息。人类正在研发可以自主思考的计算机，研制类似于人类大脑构造的神经芯片，制造出拥有自我意识的计算机已指日可待。

　　人工智能和机械工学相结合，制造出了机器人。计算机技术和机器人技术结合可以制造出外形酷似人类，和人类一样具有思考意识的机器。英国研制的机器人亚当虽然外表不像人类，但可以利用人工智能自主进行科学研究。亚当自行拟定假说，并研究出可以检验这个假说的实验方法，然后亲自进行实验，用实验结果验证了假说，经过反复实验，发现了新的科学事实。也就是说，这与人类科学家的科学研究没什么区别，亚当就是一个机器人科学家。

　　世界经济论坛创始人克劳斯·施瓦布表示："人工智能再发达，也不能摆脱人类的控制。"人类有情感，难免会根据情况做出非理性的行动。但是，人类能否容忍人工智能机器人根据情感或自我意识做出非理性的事情呢？大部分人对机器人犯下的罪行或道德错误茫然无措，但十分恐惧，认为机器人应该比人类更加理性。尽管人们已经研制出具备学习能力的机器

人工智能机器人

罗斯·金发明的人工智能机器人科学家亚当（上）和石黑浩研发的外貌酷似自己的人形机器人（下）。机器人科学家亚当不是电影中常见的人形机器人。人类研究出鸟可以飞上天空的原理，但不会因此制造形状像鸟的飞机。不过，机器人的外形与人类越相似，它引发的话题就越大

人，但仍然无法在给机器人设定什么样的伦理规范上达成共识。我们只能眼睁睁地看着人工智能战胜职业棋手。现在，谁都无法预测人工智能高度发达后会发生什么事，人类能否操纵人工智能，让技术造福人类。

　　人工智能引领的第四次工业革命会呈现出何种面貌，目前还很难预测。第四次工业革命的核心是把最高水平的技术结合起来，创造出前所未有的新事物。新技术和新产品一经问世，可以马上进行全球宣传和销售。也就是说，喜欢这一技术或产品的人只要想拥有，就可以将其收入囊中。

　　制造机器是为了让效率更高的机器代替人类劳动。在第一次到第三次工业革命的时候，人们也曾担心机器和技术会取代现有的劳动力，抢走人类的工作岗位，虽然事实上也是如此，但新技术也创造出很多新的工作岗位。第三次工业革命缩小了制造业的劳动力市场，但在构筑互联网需要的基础设施和信息通信领域创造了新的岗位。工业革命引发社会、经济、政治、文化等领域的变化，创造出新的工作岗位，以消除就业忧虑，但这些工作都需要掌握新知识。

在一个技术或产品迅速传播的时代，人工智能、机器人、物联网、生物技术等尖端技术相结合，拉开了第四次工业革命的序幕。随着老龄化和劳动人口数量减少，新技术和机器将逐步取代人类的位置。因此，只有掌握机器无法具备的知识，或是会做机器做不了的事，才能在第四次工业革命的旋涡中迅速找到自己的位置。

实际上，机器和人类的竞争从人类制造并使用最初的工具就开始了。第四次工业革命让我们与从未见过的新工具展开了竞争。无论过去还是现在，要想生存，就必须掌握那个时代所需要的知识。

那现在呢?

5 人类世的危机和对策

居住在工业化城市的人们看到宜人的农村风光,以为自然环境保护得很好。但其实没有实现城市化的地区也消耗了大量能源。在很多国家,到处都铺设了公路和铁路,架设了电网和自来水管道,除了偏僻的山区以外,几乎找不到没被人类改造过的地方。

任何人都希望日子更加富足,但我们可以为了人类的便利,按照现在的能量消耗方式改造大自然吗?如果要以这种方式持续文明,总有一天,环境会被破坏殆尽。

人类一直以来都对环境产生着影响。人类不会在保持环境原有状态下利用自然。人类会砍伐树木用作燃料或建筑材料,还会在树林中开辟道路。人类清除土地上原有的动植物,开垦农田,种上自己需要的作物。人类的衣食住行都会影响环境，造成各种污染。

从整个太阳系或宇宙来看，其实并不存在有害物质或污染物质一说。金星是距离地球最近的行星，其大气成分中大部分是二氧化碳。由于巨大的温室效应，金星的地表温度约为459摄氏度。金星表面覆盖着高浓度的硫酸云层，下酸雨，由于二氧化碳大气所产生的热量，雨水还没落到地面就蒸发了，但没有人会认为金星被酸雨污染了。

污染这一概念只适用于地球，因为地球上有人类居住。浓重的煤烟笼罩城市会导致人类呼吸困难，河水污染会导致鱼类和周边动植物死亡，但从地球的立场看，这不一定就不好。而从生命体的角度出发，哪种环境适宜生存，哪种环境不适宜生存，显而易见。人类也清楚什么样的环境适宜生存，所以对环境污染也更加敏感。

工业化以后，人类对整个地球造成了巨大影响，不仅改变了环境，而且改变了社会结构和个人生活。不知从何时起，这种变化的范围已经超出了我们的预料，甚至让人担心会控制不了。虽然不知道现在这种生活可以持续多久，但大家都应该关注100年或200年后会出现什么样的环境问题。因为人类现在所面临的问题并不是几个人就可以解决的，需要全世界的关注和共同努力。

气喘吁吁的地球

在生态系统中，能量以不同的形态进行传递和消耗。随着能量的流动，元素也在循环。食物链一般从生产养分的植物开始，然后通过一级级动物的捕食，最后死亡的动植物被细菌或微生物分解，能量再次供应给植物。

平均来说，食物链的每一个阶段大约只能传递10%的能量。食草动物只能使用食物中10%的能量，食肉动物也只能使用摄取的食草动物10%左右的能量。也就是说，在植物生产的能量中，只有1%可以传递给食肉动物，其余的能量都被动物通过散热释放出来了。人类正快速改变这种能量的循环环节。人类利用燃料，释放出越来越多的能量，从而导致释放的热量增加。

变化和循环是生态系统的基本特征。水以大海、江河、湖泊、地下水等形式流动，然后蒸发成云，通过下雨又降落到地面。再经过河流、湖泊、地下水进行流动，一部分蒸发成云，一部分流入大海。据说水循环的速度很快，大气中的水分大约每12天就会更换一遍。

构成有机物的碳、氧、氢、氮、磷等元素也会随着复杂的食物网进行循环。这些元素通过动植物和细菌构成的食物链的过程要比水慢得多。埋在地下的有机物只有通过地壳运动，才能露出地面，因此循环要耗费数千年乃至数

生态系统内的能量循环

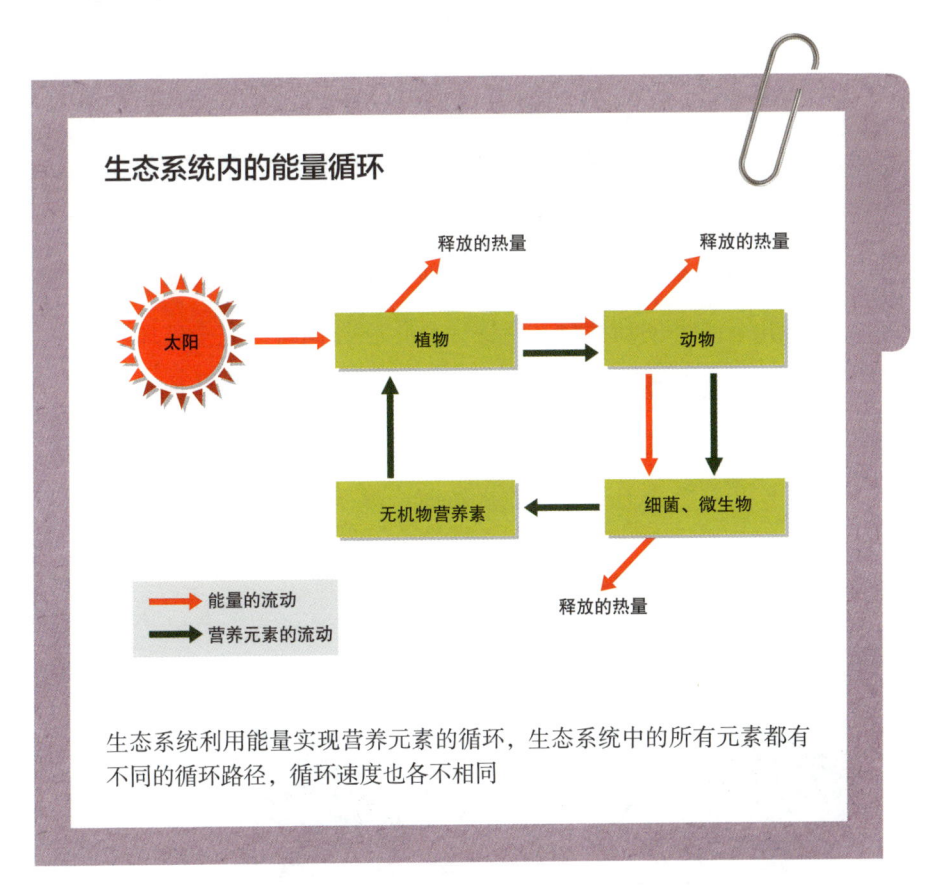

生态系统利用能量实现营养元素的循环，生态系统中的所有元素都有不同的循环路径，循环速度也各不相同

万年。相反，即使是同样的元素，空气中的氧、氮、二氧化碳等也以气体形态进行循环，循环速度很快。生态系统具备多个循环系统，每个循环都以很多不同的方式完成，也会与其他元素的循环相互影响。

数百万年前，人类刚从灵长类动物分离出来的时候，祖先们还和其他动植物一样，通过适应地球上的生态环境得以生存。但与其他物种不同，人类在集体学习和大规模合作的基础上形成社会，开始农耕，影响生态系统。但在工业化之前，人类对生态系统的影响微乎其微。

问题在于工业化以后，商业化的农耕生产人为地筛选出几个品种的动植物，供应大量化肥和饲料，完全破坏了自然状态的循环系统。化石燃料的使用极具戏剧性地改变了生态系统的循环速度。如果不是人类，这些煤炭要等数千年乃至数十万年才能露出地面，现在却被大规模开采出

来，石油和天然气也被迅速开采出来。与动植物的尸体埋在地下变成这些化石燃料的速度相比，能源消耗的速度迅速加快。

水循环系统也亮起了红灯。古时人们从井里打水喝，人类的用水消费几乎没有影响到水的循环速度。但当抽取地下水满足工业用水或饮用水时，水循环的速度变快了。现在，人类掌握了人工降水技术。人工降水是指根据自然界降水形成的原理，人为补充某些形成降水的必要条件，促进云滴迅速凝结并增大成雨滴，降落到地面的过程。人工喷洒小颗粒降水，也加快了水的循环速度。这种人为加快系统循环速度的行为必然会对大自然造成影响。

现在还不能确定元素的循环速度加快会给生态系统带来什么后果。大自然生机勃勃，其本质不是稳定，而是变化。但是，人类也加快了生态系统的循环速度，大自然承受得住吗？46亿年来，地球经历了许多事件，虽然地球可以顺其自然地接受这一变化，但会给人类带来巨大的影响。

在工业化之前，人类农耕生产制造的大部分垃圾是有机物，可以通过生态系统的自我净化得以解决。但工业化以后，城市里人口众多，人们消耗了大量粮食、物资和资源，并制造了多于过去数十倍的垃圾。有些垃圾并不是生

韩国的地下水状况（2013年）

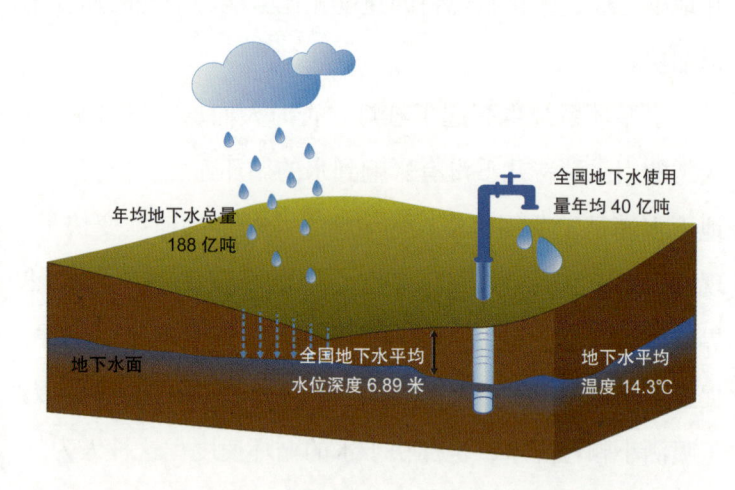

年均地下水总量 188亿吨

全国地下水使用量年均40亿吨

地下水面

全国地下水平均水位深度6.89米

地下水平均温度14.3℃

地下水在水循环中起着十分重要的作用。与河流和湖泊的水不同，地下水的水量和水质稳定，水温变化幅度小，在任何地方都能被挖出来。因此，在工业化之前，人类一般通过打水井获取地下水。在当今水资源日益匮乏的情况下，地下水是一种很有诱惑力的资源，而且水量充沛，开发价值很高。但地下水一旦被污染，很难恢复正常，而且地下水的大规模开发也会给地下生态系统带来巨大冲击

态系统中的物质，所以即使经过很长时间，也不会腐烂或分解，无法通过自然的循环系统处理掉。与工业化之前相比，这种新型污染的规模不断扩大，人类和自然难以顺其自然地共存下去。

污染无处不在？

发生台风、洪水、地震等自然灾害的地区会遭受巨大损失，大部分灾害集中在某个特定区域。干旱造成的灾害范围最广，持续时间最长。人类制造的污染和干旱一样无处不在。

工业化之后，垃圾的量激增，但根本问题不在于这些垃圾数量庞大，而在于这些垃圾的种类。随着人口的增加，食物和衣物等生活垃圾也会增多，但这些垃圾只要填埋在适当的地方就可以了。埋在地下的食物垃圾腐烂后会随着自然的循环系统被地球环境分解。但各类工厂排放的废气和废水不同于食物垃圾，化学技术制造出的新物质不容易被分解，也不会被现有的地球环境系统容纳。那会产生什么问题呢？如果没有什么问题，即使塑料不会腐烂，埋在地下或不显眼的地方不就可以了吗？

事实证明，核试验产生的放射性物质会随着大气的流动向整个地球蔓延，人类首次认识到有害化学物质（有毒物质）的危险性。

有害化学物质（有毒物质）

有毒物质是一种化学物质，少量便可以对人类和其他生命体造成致命伤害。有的物质与其他物质结合会产生毒性，有的会燃烧，有的则会高度刺激生命体。

5 那现在呢？ 131

20世纪60年代，随着工业化的发展，发达国家普遍认识到化学物质不经处理排放出来极其危险。后来人们才认识到空气、土壤和河水污染都可以对人类造成致命伤害。

具有代表性的杀虫剂DDT（滴滴涕）对预防热带病和传染病效果卓越，直到20世纪50年代，其使用范围还很广泛，也被大规模地喷洒到农作物上，以消灭害虫，被誉为"神奇的杀虫剂"。DDT的发明者保罗·赫尔曼·穆勒也因此获得了诺贝尔生理学或医学奖。但1963年，美国调查DDT对环境造成的影响时发现，尽管DDT杀虫效果显著，但它对环境造成的巨大破坏也不容忽视。

DDT在动物体内与脂肪结合，不能被动物排出体外。农作物上喷洒的DDT，在雨水的冲刷下流入江河，渗入地下，最终通过食物网堆积在动物体内。人类吃动物就相当于吃掉食物网中累积的高浓度DDT。洒在地上的有毒物质并非与人类无关，而是在生态循环里不断累积，最终渗入人类体内，在不知不觉中引发各种疾病，甚至诱发癌症。

尽管人们都知道排放有毒物质不好，但是无法封锁污染源头，因为这与人类的生活方式息息相关。在生产家电产品、服装、汽车或房屋的建筑材料时，需要添加少量的

比基尼岛上的核试验

1946年，在太平洋马绍尔群岛海域的比基尼岛上，公开进行了世界上最早的原子弹爆炸试验。美国强制迁走了比基尼岛和埃尼威托克岛上的居民，截至1958年，共进行了23次核试验。据证实，1954年的氢弹试验导致3个岛屿消失，产生的放射性物质扩散到全世界，造成的环境污染不再局限于一个地区，而是成为全球性问题

有毒物质，也会排放出其他有毒物质。工厂运转或汽车开动时排出的废气中也包含危害人体和环境的成分。

　　污染不分对象和场所，污染物会对周边环境造成致命伤害，但悄无声息地渗入人体造成的伤害更为可怕。污染

环境激素类似人体内的激素，可以对人体健康造成伤害。DDT 和二噁英是典型的环境激素。空气和土壤中的环境激素会在地球生态循环系统和食物网中逐渐累积，最终被人体吸收

产生后，需要花费大量时间和费用才能恢复原状。正因如此，现在我们需要尽可能地减少有毒物质的污染。

环境回旋镖

所有的现象都有因有果。人类改变环境必然会或多或少地造成一定影响，而这些影响往往与意图毫无关系。医院是治病的地方，但因此聚集了携带各种细菌的人，本来没什么病的人也会在医院得病。随着汽车的生产和普及，交通事故造成的伤亡人数也因此增加。此外，汽车尾气也会造成空气污染，影响社会环境。这也是那些制造和销售汽车的人不想看到的结果。即便如此，也不能对这些结果视而不见。地球生态系统非常复杂，环境变化不仅会给其他生命体，而且会给人类带来负面影响。更为可怕的是，环境一旦发生变化，需要付出巨大的牺牲才能恢复原状，这种情况又很难预测和避免。

文明在快速发展的过程中会利用地球生态系统提供的各种环境和资源。但地球环境是非常复杂的系统，人类无法完全掌控。因此，我们无法知道那些维持文明的行动会给地球生态系统带来什么样的影响。但人类为了维持现在的文明，不得不持续这些行动。垃圾处理问题就是一个典型的例子。

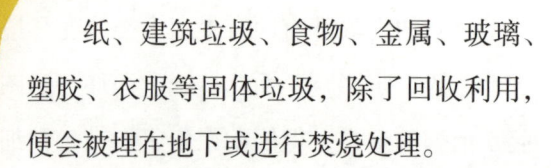

纸、建筑垃圾、食物、金属、玻璃、塑胶、衣服等固体垃圾，除了回收利用，便会被埋在地下或进行焚烧处理。

垃圾填埋法始于19世纪的欧洲，就是把垃圾运到远离市中心的地方，用泥土进行掩埋。当时大部分垃圾是有机物，经过一段时间会在地下慢慢腐烂。但如果持续使用这种方法，垃圾和腐化的水会随着雨水渗入地下。有机物腐烂后会污染地下水，被农作物吸收，最终进入人体。因此，后来在填埋垃圾之前会铺上一层防护膜。

随着工业化的发展，城市人口增多，现有的垃圾填埋场已经无法容纳泛滥的垃圾。虽然需要建立新的垃圾填埋场，但没有人希望自己居住的地方成为垃圾填埋场，而且新产生的垃圾很快就会把新的垃

固体垃圾的种类

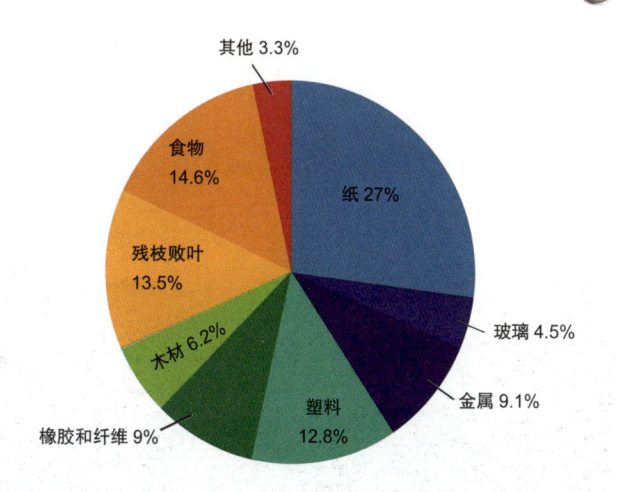

- 其他 3.3%
- 食物 14.6%
- 残枝败叶 13.5%
- 木材 6.2%
- 橡胶和纤维 9%
- 塑料 12.8%
- 金属 9.1%
- 玻璃 4.5%
- 纸 27%

图为2013年美国固体垃圾的种类。垃圾种类繁多，但食物、木材、棉、天然织物等有机物的比例仅占整体的1/3，2/3的垃圾是工业化之前不存在的种类

天空公园

1978—1992年,天空公园所在地曾是首尔市的垃圾填埋场。后来,人们在上面覆盖了泥土,把它建造成一座公园

圾填埋场填满。世界各大城市都在苦心寻找除填埋之外的垃圾处理方案。

　　垃圾焚烧后,体积会减少很多,因此很多国家开始采用垃圾焚烧技术。垃圾运到焚化场后会被烧掉,占地也没有填埋场大,还可以利用垃圾燃烧产生的热量取暖或发电。但是,垃圾在燃烧的过程中会产生大量热、灰尘和有害化学物质，气味刺鼻，引发严重的环境问题，因此我们还需要寻找根本性的解决方法。

人们开始思考如何从根本上减少垃圾。将购衣计划由10件减少到5件，把原本只开5年的车开上10年，把旅行的次数由2次变成1次，这样可以减少垃圾，但也会降低生活质量。虽然没有人反对减少垃圾，但也没有人愿意降低自己的生活质量。

那么，有没有既不降低生活质量又能减少垃圾的方法呢？当然有，尽量少使用

一次性用品即可。用篮子代替塑料购物袋，用玻璃杯代替纸杯，不使用一次性筷子，这些做法都不会降低生活品质。此外，还可以开动脑筋，通过改变生活方式来减少垃圾。回收利用那些无法被掩埋或焚烧的垃圾，或是做好分类，大幅减少回收利用所需的能量，把产品包装换成可以回收利用的材质也很有效果。

实际上，这些减少垃圾的政策很有效果。20世纪90年代，美国西雅图的垃圾排放量减少了65%。很多地方通过减少能源消耗大、垃圾排放量大的企业，大力发展垃圾排放量小的信息或软件行业，取得了较好的成效。虽然很难完美解决城市中的垃圾问题，但通过合理有效的政策和良好的生活习惯，可以与生态系统保持平衡并共存。

为了共存

　　现在的人类享受着工业文明带来的诸多好处。如果文明持续发展下去，100年后，人类的命运将会如何呢？也许人们会过上比现在更好的生活，但也有可能面临暂时或永久的困难。即便其结果是灾难性的，也极少有人从现在开始便放弃各种文明工具。如今人类已经意识到自己对其他生命体带来的巨大影响和由此引发的问题，全球变暖和气候变化也成为最近全球关注的话题。

　　即使没有相关知识，也能感受到汽车刺鼻的尾气或空调室外机散发出的热气，也会意识到工厂烟囱里冒出来的烟会对环境造成不好的影响。夏天越来越热，南极冰川融化，这些都不禁让人去想是人类的过错导致了全球变暖。实际上，地球的平均气温也在上升，需要人类提高警惕。

　　在人类世以前，很少有人认为生命体的活动会引起地球的气候变化。气候变化是指气温、洋流、风等多种气候现象的变化，全球变暖是气候变化的部分现象。那么，全球变暖是如何发生的呢？一般认为温室效应是引起全球变暖的原因。

　　玻璃（或者塑料）建筑在阳光照射下，不需要特殊的取暖设施，室内温度也会比室外高。这是因为太阳的热能使建筑物内的空气升温，使室内温度升高，而热空气又无法散发到室外。地球大气中的二氧化碳、甲烷、二氧化氮、氟利昂、臭氧等气体就像玻璃一样，引发了温室效应。

如果没有温室效应，地球就会像现在的月球一样，在阳光的照射下，表面温度会在-150℃～-100℃变动。也就是说，因为温室效应，地球上才形成了适合生命体生存的环境。在全球变暖之前，也一直存在温室效应。那么，人们为什么担心温室效应呢？

人类排放的废气中，有加速地球温室效应的温室气体。那些认为温室气体引发全球变暖的学者尤其关注二氧化碳。研究表明，二氧化碳的浓度和地球平均温度成正比。自20世纪70年代以来，二氧化碳排放量急剧增加，大气中二氧化碳的浓度增加了30%以上，因此，目前全球变暖和化石燃料燃烧导致的二氧化碳增加关系密切。当然，不能因为下了一周的雨，就说当地变成了多雨的气候；因为几年内温度持续上升就断言全球变暖了。仅凭几十年测定的数据，很难对全球变暖或气候变化做出科学的解答。

虽然尚无明确的结论，但为什么要以防止气候变化为由限制废气的排放呢？即使温室气体不是造成全球变暖的直接原因，甚至全球并没有变暖，增加二氧化碳的排放也没有什么好处，积极引进遏制温室气体排放的相关技术才

温室效应

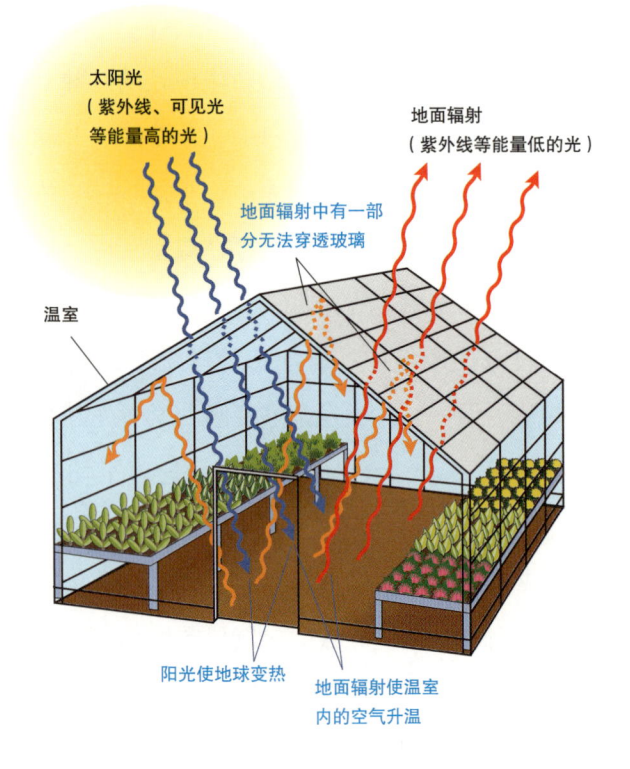

太阳光
（紫外线、可见光等能量高的光）

地面辐射
（紫外线等能量低的光）

地面辐射中有一部分无法穿透玻璃

温室

阳光使地球变热

地面辐射使温室内的空气升温

太阳光波长极短，可以通过塑料进入温室内部，提高空气和地面的温度。但空气和地面温度上升之后，散发的热量波长太长，无法穿透温室的塑料和玻璃，也就是说只能接受光照，却无法释放热能。玻璃较多的建筑物也会产生温室效应，冬天可以稍微获得室内温度上升带来的好处。不过，一旦没有阳光照射，室内温度就会急剧下降，需要增加取暖开销，夏天也要耗费大量能量，以维持凉爽的室内温度。用玻璃建成的大厦看似美观，但能源利用率低。

这时距离西方使用蒸汽船已经过了将近70年。但随着时代的发展，这种时间差异也会随之缩短。1952年，全球最早的喷气式客机在英国投入商用，15年之后，韩国也引进了喷气式客机。随着交通和通信技术的发展、国际交流和交易的激增，国家之间技术传播的时间逐渐缩短。特别是信息技术的传播速度更快。最早一批安卓智能手机在美国销售不到1年零6个月之后就进入了韩国市场。而现在海外开发的新产品几乎都会在1年零6个月之内被介绍到韩国。

在技术传播中，企业和消费者学习并接受新技术或新商品的时间比物理上的传播时间更为重要。哪怕不是智能手机，个人或社会要想使用新技术，也要学会如何使用。对不会种庄稼的人来说，农耕工具毫无意义；同样，对不会使用计算机的人来说，各种网络服务也一无是处。

若想享受信息技术带来的便利，就必须拥有产品和完善的基础设施。如果想方便地使用网络，需要先安装网络；如果想使用无线网络，就需要拥有智能机器。因此，生活水平和所在地区不同，享受技术便利性的程度也不同。在网络和智能手机出现之前，在有电力、下水道、道路、电话等基础设施的国家或地区生活，和在没有这些设施的地区生活，其状态和品质都有很大差异。

随着与互联网相关的信息通信技术的普及，在20世纪的信息化社会，能否掌握并灵活运用技术所造成的差距日益凸显。是否安装电话网络是人们使用有线电话最为重要的前提，电话的使用方法并不难。自来水的供应也是决定生活质量的一个重要因素，但几乎没有人会因为不懂得使用自来水而手足无措。信息技术却并非如此，即使自己居住的国家和地区安装了无线网络，也有计算机和智能手机，如果想利用网络提供的功能和服务，也必须先掌握相应的使用方法。网络购物虽然十分方便，但平时不上网的人很难在一朝一夕掌握复杂的个人认证或结算方式。

智能手机功能强大，可以用来打电话，连接网络之后又和家中或办公室里的计算机没什么两样。它不仅可以播放音乐和视频，而且可以通过无线网络连接许多周边设备，而拍照早已是智能手机的一个主要功能。智能手机接收到人造卫星的信号后，可以当作具有定位功能的GPS（全球定位系统），给车辆导航。用智能手机不仅可以办理汇款等银行业务，而且可以轻松进行网上购物和国际贸易。智能手机没有什么特定功能，只要有创意，就可以开发出多种功能。

当你还在费力拦出租车的时候，别人已经用智能手机轻松叫了一辆出租车。这个差异还只是方不方便的问题，如果网上银行的存款利息比直接去银行存款的利息高，网上银行的贷款利息比直接去银行贷款的利息低，情况就完全不同了。信息通信技术虽然会给一些人带来便利和好处，但也会给一些人带来经济负担。随着这种现象增多，个人掌握信息通信技术的差异会扩大贫富差距。

不仅是智能手机，日后信息通信技术将会更加深入人们的生活。技术的发展使文明变得更加丰富，有利于创造良好的环境。开发技术是为了给更多人提供方便，但并非所有人都能轻易掌握和使用。想要掌握更加复杂的技术，难免会遇到困难，可以自由运用这些技术的人和无法自由运用这些技术的人，其生活状态和质量都将会产生巨大的差异。

在人类文明史上，有些国家会比其他国家富裕，有些地区会比其他地区拥有更多的粮食，一些人也会比其他人享受到更为便利的生活，这种差距必然会导致贫富差距。富裕的国家和个人想努力保持富裕的状态，贫穷的国家和个人一直致力于改变贫穷状况。哪个时代都存在国家和社会之间的不平等，但个人之间和国家之间的技术差距从来没有像现在这样大。

技术上的差距是文明发展不可避免的副产品。但是，现在技术的发展速度及影响力很有可能带来前所未有的巨大差距。技术的发展会推动社会变化，增加社会变化的复

自动驾驶汽车

自动驾驶汽车的模拟实验画面。完美的自动驾驶汽车出现以后,就无须再费力学习开车了。汽车是移动技术的产物,而无人驾驶是一种让人类无须驾驶汽车的技术。如何更加方便地使用这一技术将是以后研发的重点

杂性和多样性。由此产生的差距可能会加重个人和社会的混乱,进而引发国家间的矛盾。仅仅几十年前,随着工业化的加速发展,各国之间的差距最终导致了世界大战。当然,不能说因为我们担心这一点,就要延缓技术的发展速度,而是应该开发一些任何人都容易掌握的技术,例如使

用简单方便的计算机、不用学习驾驶也能使用的汽车等，还应该给社会弱势群体提供学习新技术的教育机会，建立合作体系，通过技术交流减少国家间的隔阂。

过多过少都不好

人们在生活中初次经历的每件事和环境变化对个人来说都很陌生，但是从人类整体的视角来看，这已经是很久以前反复发生过的事情了。不管是灾难、战争、饥饿、经济繁荣、经济差异、与邻国之间的冲突、国家内部的矛盾和合作、不同国家和种族之间为实现共同目标相互合作等，在任何时代和地区都会发生。纵观人类历史，大部分时期充满了矛盾和冲突。因此，人类对这类事情已经有了一定程度的抵抗力。但进入 21 世纪之后，却陷入了一种非常陌生、不知所措的尴尬境地。迄今为止，人类还未曾经历过类似情况，那就是人口问题。

全球人口在工业革命之前没有太大变化，但在工业化之后大幅增长。在工业化进程中，每个国家都经历过急剧的人口增长。进入 20 世纪以后，大规模战争和灾害造成很多人死亡，但大多数国家的人口都在持续增长。人口是经济活动和经济发展的基本要素，同时也是社会经济需要负担的对象。特别是对于经济不稳定的国家来说，人口增长速度快于经济增长速度也是一个大问题。

现在，整个世界都在担心人口会减少。进入20世纪后期，发达国家的出生率开始急剧下降。随着经济发展和生活水平提高，生育子女的数量逐渐减少。工业化国家如果想维持人口数量不变，平均每名女性一生需要生育2.1名子女左右。但已有近100个国家的出生率降到了标准以下。不仅欧洲或日本等经济实力较强的国家如此，中国和巴西等人口大国也是一样，经济水平较低的孟加拉国的平均生育子女数也只有2.3名左右。出生率下降之后，随着平均寿命的增加，人口并不会立即减少，但终究会减少。

联合国和世界各国相关的人口问题机构，正在各自国内和全世界范围内积极开展研究，以预测人口动向。联合国人口研究所预测，到2050年，全世界人口将达到96亿，这一数据可以说最为乐观。这一数字比2014年增加了24亿，几乎增加了30%。但联合国为什么担心低出生率和人口减少呢？这是因为人口一旦开始减少，就会急剧减少，由于低出生率和老龄化，不从事经济活动的老龄人口比率将会增加。

随着人口密度加大，环境污染越来越严重，粮食、资源、社会基础设施和住宅扩建等加重了人口抚养的负

世界人口趋势图

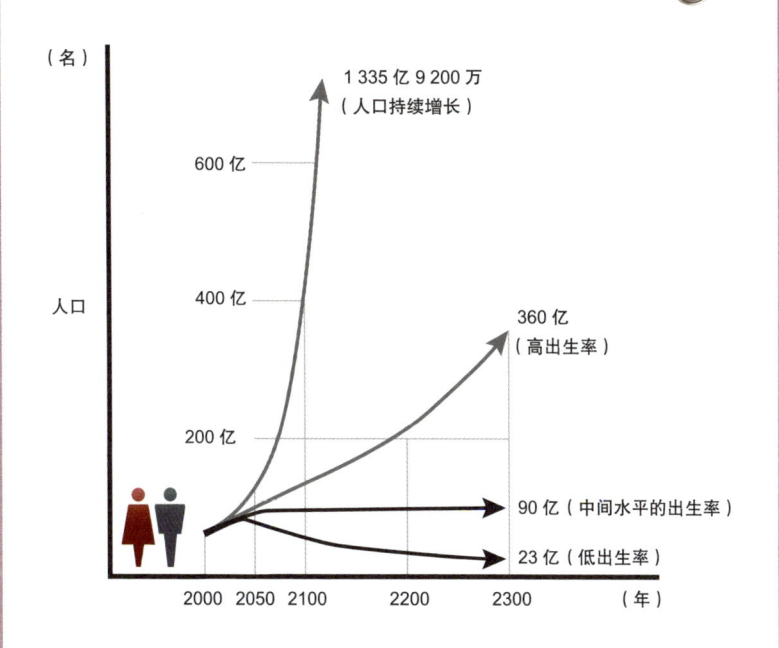

（名）

600 亿

400 亿

人口

200 亿

1 335 亿 9 200 万
（人口持续增长）

360 亿
（高出生率）

90 亿（中间水平的出生率）

23 亿（低出生率）

2000 2050 2100　　2200　　2300　（年）

未来很难预测，因此联合国也只能推测不同情形下可能出现的结果。无论世界人口急剧增加还是减少，人类文明都将面临巨大的威胁。如果人口急剧减少，很难维持现有的文明规模。相反，如果人口急剧增加，也不知现有文明能否承受

担。那么，人口增长带来的问题，能在人口减少之后解决吗？如果人口比现在少，人口密集地区的住宅和设施不足、交通、污染问题等会得到改善，对于粮食供求的担忧也会减少。但如果想取得这样积极的成效，需要人口数量

适当地减少。

假设一座城市的人口有1 000万左右，如果减少到500万，会出现什么问题呢？这座城市是为1 000万人口设计建造的，人口减少之后，很难有足够的人力和费用维持各种设施的正常运转。住房需求会减少一半，住宅价格很可能会下降一半或降到一半以下。对大部分人来说，房产是最重要的资产，由此带来的经济后果要比预想的更为严重。

由于出生率低，日本人口从2005年开始减少，由此引发了各种社会问题。随着工作人口的减少，税收减少，但随着老龄人口的增加，赡养和福利费用不断增加，政府的财政压力加大。生产效率下降，消费和投资萎靡不振，经济停滞、财政恶化，国家竞争力降低。公路、机场、港口、铁路、自来水、电力等基础设施在人口减少后，也需要一定的维护费用，因此人均需要负担的公共服务费用也将增加。买房的人减少之后，因卖不掉而被废弃的房子数量也会增加。

为了应对低出生率引发的人口问题，需要先分析其出现的原因。首先，随着女性社会参与度提高，参与经济活动的比率也随之增加。而通过努力学习，千辛万苦找到工作的女性将在放弃自己的职业和生儿育女的十字路口上做出选择。虽然也有一些女性可以兼顾家庭和事业，但除了产假之外，现实生活中育儿假和保育服务等社会制度和基础设施还存在严重不足。此外，随着抚养费和私立教育费急剧增加，人们不愿生育一个以上的子女，有的干脆不结婚或不生孩子。

低出生率最先出现在工业化国家，但现在几乎已成为全球的共同现象。导致出生率低的原因众多，其中之一是人类本能的利己之心。在工业化文明中，子女多意味着需要负担更多的费用。而在农耕时代，子女是未来的劳动力，父母出于自己的需要多生孩子，所以农耕时代的出生率高。很难用制度来压制本能，因此没有一个国家可以有效地解决低出生率问题。为了解决这一问题，需要营造出一种环境，让人们认识到长期来看子女多对自己更加有利，但现在还没有出现可以营造这种环境的好创意。低出生率问题是由多种因素导致的，因此很难在短期内得到有效解决。

在讨论有关人口问题的对策时，很难把低出生率和老龄化现象分开来看。因为人口减少所造成的大部分问题是由经济活动人口数量减少引起的，所以要努力提高出生率，并且对老龄人口加强关怀。

目前，各国政府主导的政策包括：税制支援，津贴支付，提供保育服务和教育费，保障由于产假或怀孕、育儿等原因而辞职的女性再就业。通过这种方式，女性可以兼顾工作和育儿。北欧国家认为女性参与社会活动可以提高出生率，从而不断地增加政策支持。此外，还为高龄老人提供终生学习的机会，扩大就业，增加生产人口，为老年人提供经济基础和保健医疗等福利政策。

人口调节如同走钢丝，很难保持平衡。低出生率导致的人口减少是宏观上的变化，但应对措施需要深入个人层面。环境问题可以通过法规减少污染，但男女交往、生儿育女这种人生大事无法强制，只能改变社会认识，构建具体的支援体系。

人类文明越来越复杂多样，个人的生育问题不仅关系社会稳定和国家竞争力，而且关系人类是否可以持续发展下去。值得庆幸的是，世界正在从宏观角度探索合作解决之道。这一代人已经无法享受努力的成果，但究竟会发生什么变化，我们将拭目以待。

6 明日不同今时

未来的模样

自从人类文明出现以来，就不停地面临危机，不断地经历衰退和发展。无论是 1 000 年前还是 5 000 年前，战争和繁荣都一直并存。在历史上，饥荒和丰收这两个客人总是周期性交替出现，拜访人类。社会越来越复杂，事情也越来越多，但其中大部分人类的祖先都曾经历过。

但是，从 18 世纪开始的工业化和科学技术的发展导致很多以前人们未曾经历过的事情出现。人均寿命增长，大型城市涌现，也出现了"污染"这一全新的威胁。不仅从人类的观点来看是这样，从整个宇宙的历史来看也是这样。

在人类所知的限度内，除人类世以外，还没有一个物种和时期可以对宇宙产生影响。生命体本来就可以应对宇宙的能量体系。但除人类之外，其他生命体的活动和影响力都非常有限，只能出现在地球的生态系统之中。不同的是，人类可以影响地球的生态系统，现在正一步步地影响宇宙。从大历史的观点来看，太阳系里首次出现了可以影响环境的生命体。

人类的这种举动会对未来造成什么影响，我们不得而知，但只要开始，就不会停止，因为没有什么可以阻止人类的好奇心。人类具有智慧，特别是集体要比个人更加智慧。值得庆幸的是，当今世界至少还在以这种智慧为基础运转。

进入人类世之后，人类经历了许多从未见过的变化，这里发生的问题都是人类第一次经历。虽然对未来充满了期待和希望，但仅仅依靠知识很难解决当前面临的问题，对未来的不安也更加强烈。全球网络变得更加密集，网络的速度不断加快，容量不断增加。100年前的人们，无论什么阶层，都不知道地球的另一端发生了什么，会给他们带来怎样的影响。谁能想象出我们现在的生活景象？过去，我们无法准确预测现在；现在，我们依然无法准确预测未来，而只能通过现在的状况勾画未来的模样。

同在一个屋檐下

人类不像老虎一样独自生活，而是像蚂蚁一样喜欢群居。群居的生活习性让人类的群居规模越来越大，并创造出各种维持群居的生活体制，形成一些小规模的部落。后来，几个小部落联合，形成一个大部落，并在发展壮大后形成拥有多种组织的城市和国家。

国家建立后，大部分人在本国范围内进行生活和交流，在国内进行生产和消费。由于欧洲各国比邻而居，国家之间的界线没有那么分明，但基本上所有活动也都是在自己国家内进行的。

相互依存的经济

直到100多年前的朝鲜时代末期，朝鲜和外国的经济交流还很少。虽然它与中国（清朝）或日本等邻国有一些物资交流，但这种交流并不足以影响整个国家经济。19世纪中期，在欧洲正如火如荼地推进工业化进程之际，中国（清朝）、朝鲜和日本都采取了抵制与外国交流的锁国政策。

现在，不与其他国家交流会导致经济发展困难，但他们为何坚持锁国政策呢？因为当时人们担心19世纪的西方文化和技术会造成社会动荡，而且当时的经济模式也不太需要与外国进行交流。

当时中国人所需的大部分生活必需品都可以自给自足，朝鲜和日本的情况也大同小异。虽然他们与世界各国

6 明日不同今时　　159

加强联系，进行贸易，可以享受到更好的生活，但在当时，提高国民生活水平并不像现在这样备受重视。

目前，有些国家经济的核心在于国际贸易。任何一个国家都不能在没有对外交流的情况下生存下去，因为任何产品都很难仅依靠本国生产的零部件和原料被制造出来。如果要制造汽车或智能手机这种新技术产品，需要用到多个国家的技术和零部件。以韩国为例，人们每天吃的食物中也有很多是从国外进口的。除了咖啡、果汁、面包、果酱等简单的西式早餐外，大部分韩餐也是用来自其他国家的食材制作而成的。

当今世界联系紧密，虽然本国可以生产出产品所需的全部零部件，但从国外进口部分零部件或原料更加经济实惠。如果说19世纪的贸易主要是交换那些"锦上添花的物品"，那么20世纪后期和21世纪的贸易就在于供应"不可缺少的物品"和"更经济的物品"。

这个时代也有不好之处

数万年来，人类一直没有国家的概念，国家出现在几千年前。现在，我们很自然地接受了在国家这个框架内的生活状态。但工业化制造出一些很难在一个国家内部解决的问题。例如，以前没有往河流里倾泻过大量污染物质，

韩国餐厅常见食材原产地介绍

主要食材的原产地

鸡肉：巴西产	鸡肉：韩国产	汉堡牛排：牛肉（大洋洲产）、猪肉（韩国产）
牛排（牛肉）：大洋洲产	炸猪排（猪肉）：韩国产	大米：韩国产
马苏里拉奶酪：多国进口	橄榄：西班牙产	西式腌黄瓜：韩国产
贻贝：韩国产	鱿鱼：韩国产	虾：泰国产

洋葱 / 罗马生菜 / 黄瓜 / 橙子 / 圣女果 / 茄子：韩国产

当今的全球网络不仅可以提供工业产品，而且可以向世界各地输送新鲜食材，这一点从韩国餐厅常见食材原产地介绍中就可以轻易感受到

6　明日不同今时

位于河流上游的国家和位于河流下游的国家几乎没有因环境问题发生过战争，河流两岸的国家也是如此。但随着工厂的设立、新生产技术的普及，人类向河流中排放了大量污染物，大量用水也使河水流量减小。这时情况就不同了，位于上游的国家排入江河中的污水会直接危害到下游国家的利益。

虽然有大海相隔，但一个国家排出的污染物可以给邻国造成危害。日本发生的核电站事故甚至让全世界人民感到不安。毕竟在现在这个时代，环境污染是全球性问题。

把一杯水和一杯果汁混合起来很容易，但要把混合的水和果汁分离出来却非常困难，几乎是不可能的事情。即使有可行的技术，也需要耗费大量的时间和精力。当今世界联系紧密，再也回不到那个在各自地盘上过自给自足小日子的时代了。不管喜不喜欢，经济问题、纷争、污染也不再是我们或他们的问题了，而成为大家的问题。

团结一致生，各自为战死

我们都知道，与目标一致的人一起行动好过一个人单打独斗。在伊索寓言《狮子和公牛》中有四头牛，牛打不过狮子，但只要它们团结起来，就不会轻易受到狮子的攻击，而一旦它们单独行动，就会成为狮子的猎物，即

沙丁鱼群

群居生活的好处不胜枚举，团结一致、共同进退对每个个体都有益处

"团结一致生，各自为战死"。这种群居生活的威力在生态系统中十分常见，群居也是多种鱼、昆虫、哺乳动物等的生存方式。

这种现象不仅对生命体来说很重要，对国家这类庞大的组织来说也是一样。早期城邦建立时，国家之间就相互联合，结成同盟。不过，直到工业化之后，才出现了全世界范围内的联盟。

之前我们提到过，战争形势在人类世之后发生了变化。在第一次世界大战中，人们投入了大量工业化文明的产物。如果注重理性和技术，战争会速战速决，伤亡人数也应该少一些，但第一次世界大战持续了4年多，伤亡人数超过3 000万。

第一次世界大战结束之后，世界各国发生了前所未有的变化。为了防止战争再次爆发，国际联盟成立。虽然未能有效阻止第二次世界大战的爆发，但这是为了追求共同目标建立国家联合体的崭新尝试。经历第二次世界大战这一规模更大的战争之后，这种建立国家联合体的尝试更加活跃。

进入20世纪后期，各国开始组织多种形式的联合体。一些欧洲国家为了经济目的，建立协议组织，随着参与国家的数量逐渐增多，发展成了欧盟。此后出现的诸多国际联合组织都是为了应对战争或发展经济而成立的。

在冷战时期，理念对立的两个阵营都建立了各自的军事联盟，西方国家成立了北大西洋公约组织，共产主义阵营成立了华沙条约组织。在各国经济规模和发展水平都比较相似的欧洲出现了一些经济联合体，从而结成了欧洲经济共同体，后来发展成使用同一货币的经济共同体欧元区。其实国家之间最有成效的协定是军事协定，因为很难比较有经济协定和没有经济协定时的成果差异。20世纪

90年代，以美国和苏联为中心的冷战结束，促进经济交流的国际协约增多。为了加强彼此间的交流，促进经济增长，一些国家和组织间签订了自由贸易协定。

国家间的协议以追求军事、经济利益为主要目的，但随着气候变化成为主要关注焦点，出现了新的变化。二氧化碳等气体排放量的增加给地球生态系统造成了影响，世界各国开始共同协商寻找解决之道。与个别国家的经济开发不同，气候变化问题不可能仅依靠各个国家制定的对策解决。温室气体引发温室效应所造成的污染不分国界，废气会随大气环流扩散到邻国和全世界。因此，如果世界各国不团结一致，那么很难有效地应对这一问题。

为此，联合国制定了旨在减少温室气体排放量的国际公约。1997年，在日本京都，有关国家签订了《京都议定书》，约定减少包括二氧化碳在内的6种温室气体的排放量。正如所有国际公约一样，当国家间存在利益冲突时，公约很难取得成效。在工业设施和汽车等广泛普及的工业化国家，温室气体排放量大；对现在刚开始工业化的国家或发展中国家来说，限制温室气体的排放量会阻碍经济发展，因此各国对国际公约态度不一。但由于世界各地发生的气候异常现象造成了重大灾害，各国对减少温室气体排放量这一目标没有太大争议。

许多国家现在行动起来，试图找出原因，并解决种种

问题，这是一个巨大的变化。《京都议定书》指出，环境和生态系统并不是人类可以无限利用的资源，需要适当的保护和管理。世界各国正面临同一个问题：人类可以对生态系统造成不小的影响，其影响力可能会招致难以预测的危机。

文明出现之后，随着时间的推移，世界变得更加紧密，今后这种趋势将更加明显。国家之间结成的联盟或合作体系很有可能是人类解决当前及以后问题的唯一方法。

未来世界将会如何变化，我们现在还无法知道，只能预测。随着人类智慧的累积，国家之间的纽带关系加强，很有可能实现共同繁荣。

随着15世纪全球网络的形成，人类文明出现了巨大转折。19世纪，工业化推动了科学技术的发展，带来了能源变革，国家之间结成的各种联合体相互交织，这一现象也许是大历史上一个新的转折点。

地球上存在着各种各样的物种，人类是后起之秀，也

不具有压倒性的优势，但在现在和未来无疑对地球生态系统影响最大。这一事实首先会对人类自身产生影响，至少以地球为中心的宇宙历史在进入人类世之后，会和可以影响环境和历史的人类一同发展。

不管人类是否愿意，巨大的影响力就意味着需要承担相应的责任。放眼未来，不仅人类内部要团结，与地球生态系统也要和谐共处，因为在生态系统中，各种成员之间本来就应该相互依存，共同发展。

拓展阅读

变异病毒的威胁

2014年，埃博拉病毒在以塞拉利昂为中心的西非地区急剧扩散，造成了数千人死亡。美国和西班牙也出现了感染者，全世界陷入恐慌之中。到2015年，埃博拉病毒在一些国家已经被彻底消灭，但有些地方仍存在疫情，随时可能让世界陷入危机。

埃博拉病毒虽然凶险，但由于疫情主要发生在非洲，发达国家并没有积极研发疫苗和治疗药物。埃博拉病毒在1976年被首次发现，2014年发生变异，传染速度快，死亡率高达75%，很多患者在发病后7~14天内死亡。由于感染途径尚未查明，一旦它开始蔓延，就很难应对。2015年，韩国暴发中东呼吸综合征疫情，将近200人感染，36人死亡。这两种情况十分相似，中东呼吸综合征是冠状病毒变异造成的，本来冠状病毒的症状轻，无须研发疫苗或治疗药剂，但冠状病毒变异之后威力大增。

现实如同电影一般

电影《极度恐慌》(Outbreak)的海报(左)和《时代》杂志封面上抗击埃博拉病毒的医护人员(右)。"Outbreak"是指足以造成灾难的病毒大流行、疫情暴发。1995年上映的电影《极度恐慌》中出现了一种类似埃博拉病毒的假想病毒。该影片主要讲述了传染病发生、扩散,并由此导致国家面临崩溃危机,又转危为安的过程。20年后的2014年,和电影中描述的一样,埃博拉病毒使许多国家陷入混乱。《时代》周刊将抗击埃博拉的医护人员评选为2014年度人物

不仅是人类,所有的动植物都生活在疾病的威胁之下。100多年来,人类的平均寿命显著延长,医学技术和知识的发展为此做出了巨大贡献。

在现代文明形成之前,传染病是全世界人口死亡

的主要原因之一。传染病对群居生活的人类具有很强的杀伤力。致死率高的传染病一旦扩散,其后果将不堪设想。14世纪,欧洲和亚洲暴发了黑死病。在10多年的时间内,当时欧洲30%~50%的人口死亡。进入20世纪以后,一场被称为西班牙流感的病毒造成了5 000多万人死亡。甚至有人主张,西班牙流感使第一次世界大战提前结束了。

过去人们并不清楚为什么会发生传染病,因此比现在更加惧怕它。现在人类知道哪些传染病会由动物传染给人类,哪些传染病可以通过与患者的身体接触或打喷嚏传染。大部分情况下,保持清洁可以减少传染。以前医学不发达,生活环境比现在差,这也是传染病经常发生的原因之一。

清洁和卫生不仅需要个人和社会改变意识,而且需要花费一定的费用。洗澡、洗衣服和打扫卫生都需要花费时间和金钱。在只有整天工作才能生存的情况下,清洁必定会被排到诸事之后。虽然经济富裕的国家改善了生活环境和卫生条件,但那些卫生条件没有得到改善的国家,就无法摆脱水源性传染病的威胁。

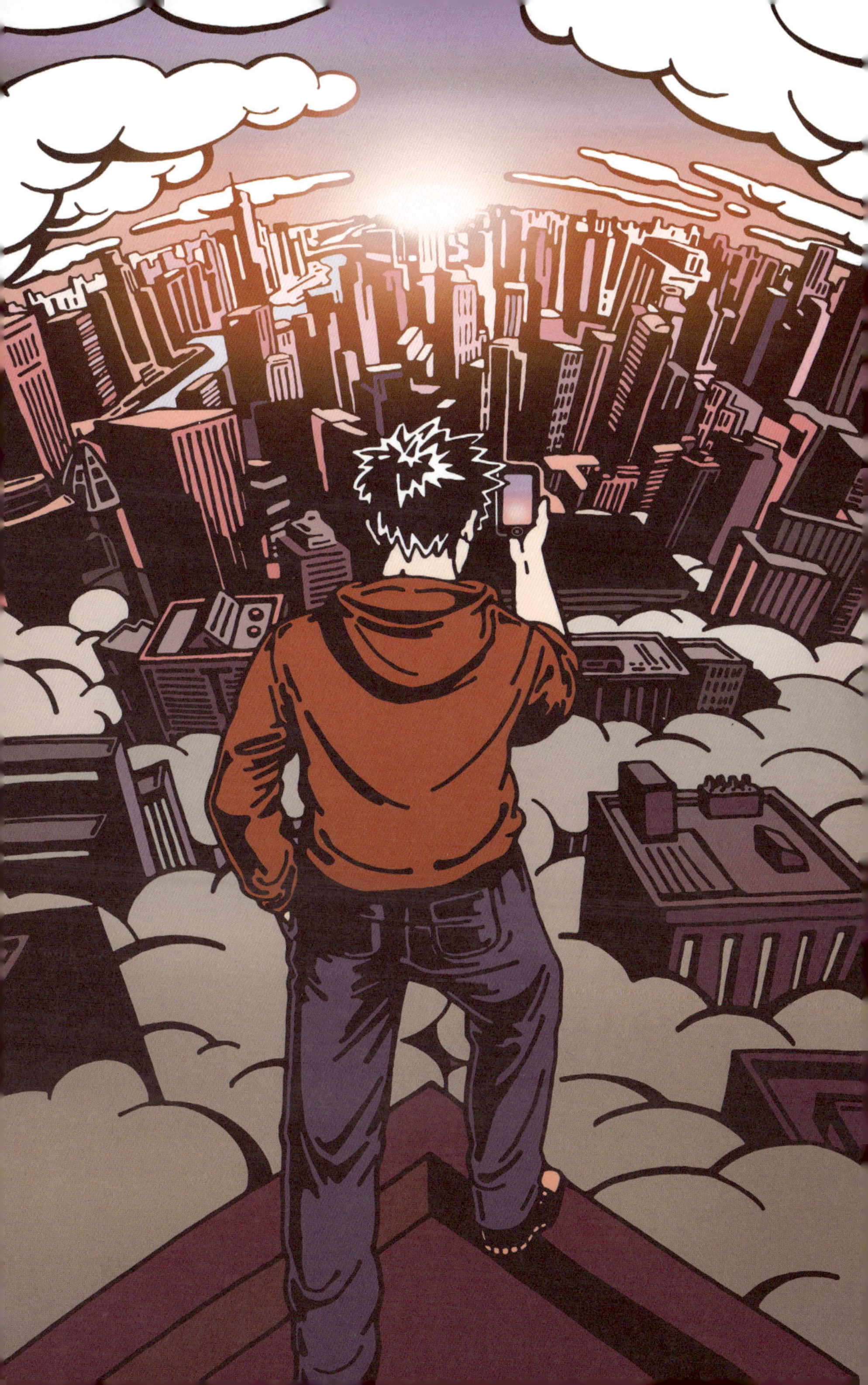

在清洁和传染病的知识积累方面，21世纪比19世纪更加先进。过去困扰人类的霍乱、鼠疫、天花等传染病如今已经变成在历史记录中才有的疾病。不过，人类在发展，病毒也在进化。在人类看来，传播疾病的细菌和病毒是需要被消灭的对象。但反过来，从细菌和病毒的立场来看，要生存就得变异，它们进化也是为了提高生存率，因此出现了以前从未见过的新疾病和传染病。在经历了21世纪一场席卷全球的传染病大流行之后，我们应该记住：我们只不过是大自然的一部分，无法完全摆脱适者生存的自然法则。

从大历史的观点看"工业化与人类世"

位于南太平洋中部、距离陆地 3 000 多千米的复活节岛上，有 1 000 多尊令人费解的摩艾石像。人们十分好奇这座岛屿上究竟发生过什么，其中有这么一个说法。

公元前 400 年左右，已经有人在岛上定居，当时岛上树木茂密，食物丰富，岛上的居民生活得无忧无虑。随着人口逐渐增多，修建房屋和生活所需的树木数量不断增加。但是，真正让森林遭受灭顶之灾的是岛上几个部落居民之间相互竞争修建石像，而制作和搬运石像需要大量木头。

到 1400 年左右，复活节岛上的大部分树木消失了，问题层出不穷。由于没有树木，地表泥土被雨水冲走，土地荒芜，地下水干涸，很多其他植物也消失了。但即便粮食短缺，居民也无法用木头建造船舶，离开小岛。在这种

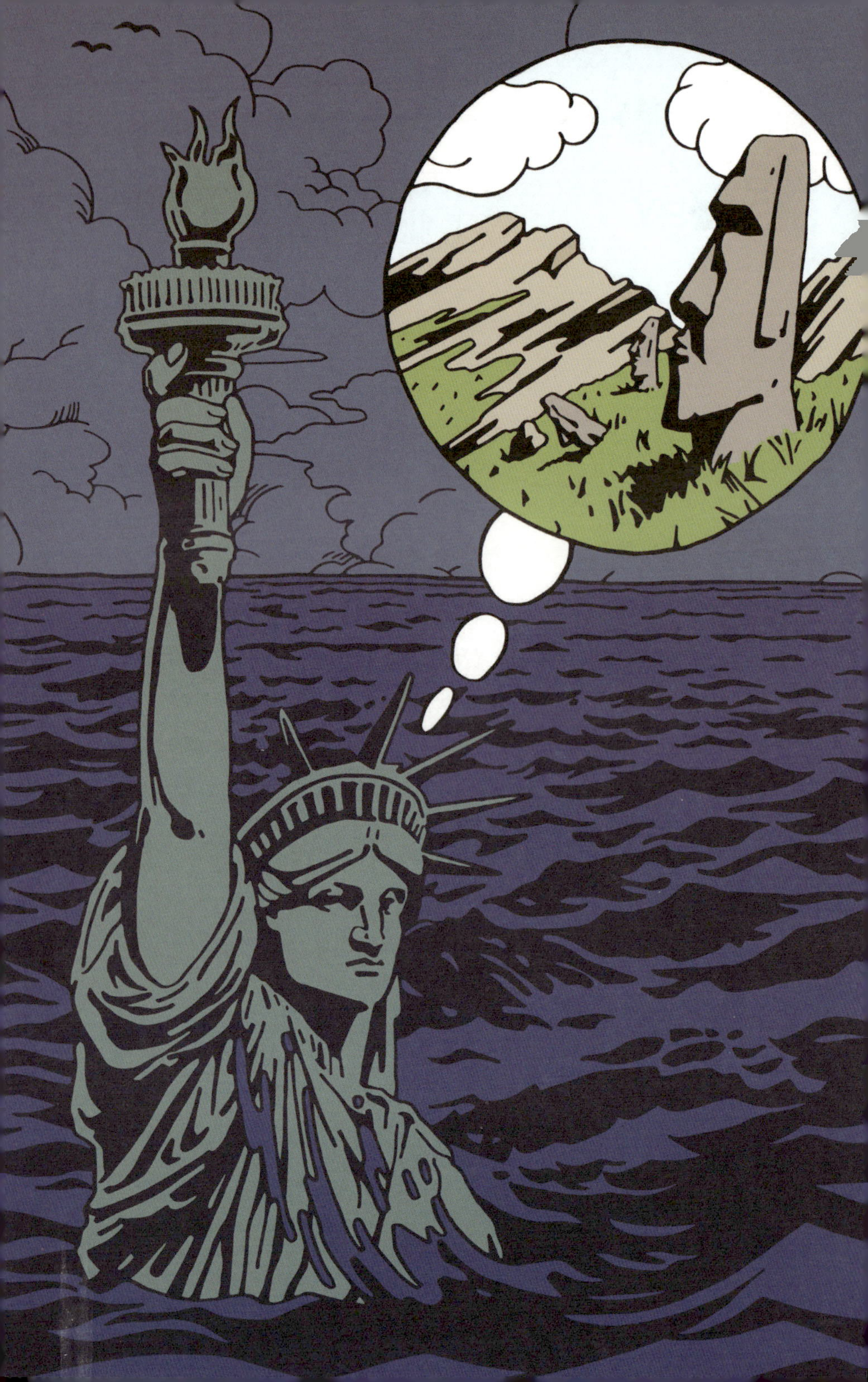

情况下，部落之间的竞争仍在持续。最终，征服者带来了瘟疫，曾经的地上乐园只剩下数百尊石像。

复活节岛可以说是在有限的环境中滥用资源，最终导致衰落的典型事例。地球只不过是复活节岛的扩大版，资源有限，环境深受人类的影响。那么，我们的未来也会和复活节岛一样吗？

之所以会有这样的忧虑，是因为19世纪英国发生工业革命之后，人类文明在工业化后扩张速度加快。工业化是大历史10个转折点中的最后一个。工业革命引发了工业化，所有的转折点之间相互关联，每个转折点都是引起下一个转折点的强大动因。转折点给环境和人类带来了巨大变化，每经历一个转折点，都再也无法回到以前了。工业化引发了诸多现象，有些是人类不希望发生，又难以解决的问题。不过，没有一个国家和社会会放弃工业化。

到目前为止，人类仍奔跑在工业化的道路上。工业化以技术革新为基础，通过改变生产方式和产业结构，给社会、经济、政治、文化等带来全面变化。工业化始于19世纪的工业革命，后来历经第二次、第三次工业革命的发展，带来了更大变化。由蒸汽机引发的第一次工业革命以煤炭能源为中心，将手工业的生产方式转变为机器生产。随着内燃机和电力供应的普及，第二次工业革命以石油能源为中心，发展迅速，大规模生产方式得以普及，出现了电视、广播、电话等通信手段，使世界的联系变得更加紧密。而计算机、互联网、社交网络的出现，引发了被称为数字革命的第三次工业革命。如今，以工业为中心的社会正向以信息生产和流通为中心的信息化社会转变。现在谁都可以利用手中的智能手机向世界上的任何一个人传递信息。过去人们依赖化石燃料和核能，现在太阳能、风能、地热、生物燃料等多种能源也可以用来发电，有关替代能源的研究也在积极开展之中。

工业化短时间内的迅速发展留下了不少后遗症。随着工业化的发展，人类对环境造成了很大破坏。包括人类在内的生命体与环境和谐共存，在工业化之前，它们之间一直保持着这种平衡。虽然有些地方滥伐树木取暖，导致森林荒芜，但环境恶化之后，人口逐渐减少，平衡又得以恢复。但工业化给人类带来了巨大的力量，足以影响环境。城市、道路、铁路建设、资源滥用、垃圾和废气排放等问题，给大自然造成了巨大破坏，难以恢复和生态环境之间的平衡。

其实，与地球46亿年间经历的巨大环境变化相比，人类的影响力和对地球造成的影响并没有那么巨大。大自然并没有自我意识。金星上大气炎热，不适合生命生存，火星上没有液态水，但金星和火星一点儿也不羡慕地球。问题在于，环境变化带来的危害会像回旋镖一样回到人类身上。人类为了实现工业化，利用了大量自然资源。人类的生活发生了改变，周边的环境也发生了变化。人类在工业化进程中创造出了人类世时代，必须为肆意破坏环境付出代价。人类在经历了第三次工业革命之后，才开始正视这个问题，不断探索在不增加能源消耗的情况下可持续发展的方法，也在研发更加有效解决环境问题的技术。人类对环境变化的危机感越来越强，加速开发替代能源，减少对化石燃料的依赖。

现在，我们的生活中有第一次、第二次、第三次工业革命的产物。至今为止，第一次工业革命的核心——蒸汽机、印刷术、煤炭仍是支撑人类文明的重要轴心。世界上很多地方正在进行第二次工业革命。虽然也有国家成为第三次工业革命的中心地区，但仍有不少地方没有普及计算机和互联网。每个国家虽有差异，但都拥有发展工业革命的火种，一旦遇到适合火种燃烧的条件，就会燃起熊熊烈火，进而改变整个世界。同样，第四次工业革命也会带来不同以往的新变化。

2016年，在瑞士达沃斯举办了世界经济论坛年会，其主题为"掌控第四次工业革命"。经过人工智能技术的长期研发，现在已经有多种形态的人工智能被应用到我们的生活之中。网上书店或网络商城可以准确筛选出读者感兴趣的产品，就是运用了人工智能技术，这一技术可以在数量庞大的数据中寻找出人类难以找到的信息，这也是人类难以追赶的领域之一。到目前为止，人工智能的水平还限制在几个特定的领域，整体上无法赶超人类。但随着相关硬件、软件、计算机科学、脑科学的不断发展，人工智能会越来越接近人类的大脑。

那么，我们是否已经做好迎接第四次工业革命的准备？人类制造机器，代替人类劳动，给生活带来了便利。我们一直认为技术和机器应该在人类的掌控下为人类的幸福做出贡献，所以当我们目睹人工智能"阿尔法围棋"在比赛中战胜了职业棋手后，便开始担心某一天，人工智能将主宰人类。如果人工智能有了自我意识，知道如何进行自我复制，将会如何呢？如果人工智能自行进化之后，掌握了主要的基础设施，擅自切断电源，随意更换交通信号，转走银行账户上的钱呢？如果发生这种情况，我们该做的不是关闭电源，而是掌握与智能机器沟通的方法。尽管不会发生这种极端情况，但我们已经迈入了人工智能时代，应该懂得人类和机器、机器和机器之间的沟通方法。在整个宇宙和人类的历史长河中，要发生的事情终究会发生。

也许第十一个转折点的出现源于人类的好奇心。对比一下十大转折点发生的速度，就会发现每个转折点之间的时间间隔越来越短。从第二个转折点到第三个转折点，足足等待了89亿年，但从第九个转折点——全球网络出现到第十个转折点——工业化开始，只间隔了300年。回顾往事，大约200年前，工业化刚刚开始，或许我们现在正处于走向第十一个转折点的途中。

金一先

2016年6月